SAADANI
&
LE PRINCE

LIVRES PAR LE MÊME AUTEUR

L'enfance gagnée (Français)

Balance (Anglais)

The Spider's Web (Anglais)

Les trésors cachés (Français)

The King and the Widow –

One Thousand and One Camels (Anglais)

EMILE TUBIANA

SAADANI
&
LE PRINCE

LPI

Conception de la couverture:
Viviane Tubiana

LPI

Copyright © 2018 Emile Tubiana

Tous droits réservés. Aucune partie de ce livre ne peut être reproduite, traduite, scannée ou distribuée sous quel format que ce soit – imprimé ou électronique – sans permission.

Première édition : Octobre 2018
ISBN: 0-9914488-5-5
ISBN-13: 978-0-9914488-5-2

Béja

Je me souviens de mon arrière-grand-père Saadani, que nous appelions Baba Saadani, lorsque j'avais à peine six ans. Il était très connu dans ma ville, Béja. J'ai trouvé que ce personnage tout à fait exceptionnel méritait une attention spéciale et c'est ainsi que j'ai décidé de le présenter. Je pense que beaucoup pourraient apprendre de son caractère.

Son nom est Saadani Saadoun ; il est né à Béja, la ville où moi aussi je suis né. Il était grand de taille, doux et gentil, blond aux yeux bleus. Ses joues étaient roses. Il avait un grand cœur, il aidait là où il pouvait et ne s'attendait à rien de retour. Il n'aimait pas les compliments de peur qu'on lui fasse des œillades. Il avait une belle dentition mais il aimait constamment se plaindre du mal de dents. Il aimait les bons plats, mais il ne mangeait jamais au regard même furtif du monde ou de ses membres de famille. Il aimait l'air pur ; c'était la raison pour laquelle il aimait passer son temps à cheval. Il traversait les champs pour aller d'une place à l'autre. Il aimait raconter des histoires. Sans rien dire, il savait exiger le silence pour continuer son récit sans avoir l'air de bousculer qui que ce soit. Il n'aimait ni les mensonges ni les secrets. Il aimait son cheval et il prenait bien soin de le laver et de le nourrir. Il adorait ses cinq filles mais encore plus sa femme Rachelle. Il n'avait qu'un seul garçon et c'était son dernier enfant. Il gagnait sa vie paisiblement en allant aux foires régionales. Ses compagnons de route l'adoraient pour sa simplicité et pour sa gentillesse.

Les Béjaois le reconnaissaient toujours sur son cheval. Il aimait tellement bien s'habiller que tous ceux qui le voyaient le prenaient pour un noble. Il habitait le quartier judéo-arabe, ce quartier où nos ancêtres habitaient depuis des générations et qui se trouvait au nord-est de notre ville. Dans ce quartier, les Juifs et les Arabes vivaient en bon voisinage et en excellente harmonie bien avant l'arrivée des Français. Les Juifs et les Musulmans parlaient l'arabe et le bédouin. Ils avaient forgé ensemble plusieurs aspects de la culture tunisienne. On les distinguait uniquement par la religion et parfois par certains habits. Les Arabes et les Juifs se respectaient mutuellement ; c'est ce qui distinguait les habitants de la Tunisie, tant ceux des villes de province que ceux de la capitale.

Nous, les enfants, nous ne faisions aucune différence entre musulmans, juifs ou chrétiens. Parmi les chrétiens, il y avait des familles maltaises, siciliennes, espagnoles.

Nous jouions ensemble dans la rue, c'était l'extension de nos maisons. C'était aussi notre place de rencontre, notre place de récréation et notre place de sport.

Déjà, lorsque j'étais très jeune je faisais des courses à maman et je marchais depuis notre maison qui était dans la rue Khaznadar, en passant par la Place Abdel Kader et par Bab Boutefaha, puis Bab El Aïn jusqu'à la maison de mes arrière-grands-parents Rachelle et Saadani, qui se trouvait justement dans le quartier d'E'in Esemch. Je me souviens que lorsque je croisais une personne âgée je devais lui dire : « Sbah El Kheir » (bonjour) quand c'était dans la matinée et je disais « Nharek Zein » (bonne journée) dans la journée. Et si j'oubliais de saluer la personne, celle-ci m'interpellait pour me dire :

« Oueld Echkoun Enti ? » (Fils de qui es-tu ?) Le soir j'étais sûr d'avoir des réprimandes de papa :

« Tu croises une personne et tu ne la vois pas ? » me disait papa. C'est ainsi que j'avais appris les salutations en arabe. Lorsque j'avais atteint l'âge de neuf ans j'allais avec papa au « Hamam Sayalla » (bain turc) qui se trouvait loin de la ville. On allait en calèche à peu près 5 km de notre ville en direction de Souk el-Khemis. Après l'indépendance de la Tunisie cette ville a été appelée Bou Salem. La plupart du temps papa et moi allions au bain qui était à Bab El Aïn pas loin du magasin de mon père.

Dans cette même époque j'avais opté pour la synagogue d'E'in Esemch (l'oeil du soleil ou la source du soleil) qui été tenue par Leila Fitoussi dans une chambre au premier étage. Je passais près de la place du café Boutelja, puis par la rue Kheredine (Khyar Edine) où papa, mon oncle Victor, Brahem et Chaloum Boukhobza avaient leurs magasins. Ensuite je continuais jusqu'à Bab el Aïn, de là jusqu'au nord de la ville. Je calmais ainsi ma nostalgie des vieux temps et je satisfaisais mon plaisir d'être auprès de certains membres de la famille et auprès des amis que je connaissais et que j'aimais beaucoup. Je me sentais amplement compensé par les chants liturgiques et par les bénédictions que j'obtenais de ces personnes âgées. Après la guerre nous passâmes à la rue François Faure-Dère ; là nous avions eu des nouveaux voisins. (Cette rue s'appelle maintenant la rue Habib Thameur.)

Avant que les Français n'occupent la Tunisie, Béja se composait des quartiers E'in Esemch, Rebat, Bab Bou Tefaha, Bab El Aïn, El Haouiri, El Hadra, puis, Bab Khnanou et Ein Jnan par la route de Souk el-Khemis et de la Kasbah, puis, opposé à E'in Esemch, celui qui était devenu le quartier français, Sidi Fraj, au nom du saint musulman. Les Juifs habitaient avec les Arabes dans les anciens quartiers et partageaient les mêmes maisons. J'aimais roder dans ces quartiers où mon arrière-grand-père Saadani et mon arrière-grand-mère Rachelle vivaient.

À Béja se trouvaient plusieurs membres de notre famille, dont certains vivaient à E'in Esemch. Les sœurs de ma grand-mère, leurs familles, les cousines et les cousins à ma mère. Haya Mechach, Hmani et sa famille, la famille Boukhobza, la famille Allouche, la famille Boubli, la famille Lilouff, la famille Bellaiche, la famille Mimouni, la famille Sarfati, la famille Saadoun etc.

D'autres, comme Lala Albou, la famille Fitoussi, la famille Attia, la famille Albou, la famille Brami, la famille Khalfon, la famille Cohen, la famille Levy, la famille Belhassen, la famille Ariche, la famille Zakini, la famille Bijaoui, la famille Narboni, la famille Assous, la famille Berdah, la famille Berrebi, la famille Chaouat, la famille Belliti, la famille Msika, la famille Ankri, et des dizaines d'autres familles formaient l'ensemble de notre grande famille.

Chaque famille avait au moins une dizaine d'enfants que je connaissais et avec qui je pouvais jouer. Je me sentais pour ainsi dire abrité comme chez moi à la maison, j'étais protégé par la chaleur humaine et familiale qui émanait de ces personnes. Par nécessité, les rues devenaient l'extension de nos foyers, les amis de la rue devenaient l'extension de nos grandes familles, de notre quartier. Les Musulmans, les Juifs, les Français, les Italiens, les Maltais, les Espagnols faisaient partie intégrale de notre ville et de notre voisinage. C'étaient eux qui depuis des années avaient su forger une amitié et une bonne entente entre les habitants de cette ville. C'étaient eux les piliers de notre ville, de notre quartier et de notre communauté.

Toute notre éducation, notre façon de vivre et la douceur que nous avons connues nous parvenaient de ces êtres bons et innocents. Leur origine se trouvait dans cette douce cité depuis des siècles. Je ne pourrais pas m'imaginer notre ville sans la présence des Bédouins et de leurs caravanes de chameaux, de chevaux et d'ânes, les troupeaux de chèvres, de moutons. Chacune des familles qui habitaient les quartiers de notre ville pouvait raconter le passé lointain de Béja. Elle connaissait l'histoire de chaque famille juive, musulmane, italienne et autre qui habitait ou qui avait habité Béja. Elle déterminait l'âge et les événements en fonction des années passées dans chacune de ces anciennes maisons du quartier et de l'événement.

La synagogue d'E'in Esemch servait de mon temps aux vieux qui n'avaient encore pas quitté le quartier. La nouvelle synagogue du « Rebat » que mon arrière-grand-père Abraham Toubiana, qui était alors le président de la communauté juive avait construite, était un peu loin pour les vieux d'E'in Esemch. La plupart n'avaient jamais bougé de ce quartier, leurs familles y habitaient depuis longtemps. Combien de fois je croisais un vieux ou une vieille dame dans la rue et ces derniers m'appelaient pour n'avoir pas salué. La réponse était toujours :

« Oueld Echcoun Enti ? » (Fils de qui es-tu ?) Lorsque je répondais en annonçant le nom de maman ou de papa, ils me répondaient toujours :

« Kif Ahoualem ? » (Comment vont-ils ?) Et « Salem Alihem » (Passe-leur le bonjour) « de la part de Monsieur un tel ou de la part de Madame une telle. » C'étaient les moyens de communication de ce temps. C'était ainsi que nous échangions des informations.

Les relations entre les citadins étaient très aimables et très cordiales. Les samedis j'allais prier dans la petite synagogue d'E'in Esemch. Les vieux de ce lieu de prière improvisé étaient pieux et pauvres, mais ils dégageaient de la bonté et de la gentillesse. J'allais prier avec eux, j'avais l'impression que je respirais l'air de la vie. Ces vieux me transmettaient un sentiment céleste et il me semblait sentir une pureté humaine. En un mot une douceur agréable émanait de leurs personnes, et pour simplifier, je dirais, ce qu'il y a de plus haut dans l'être humain. C'était pour moi des moments très appréciés. J'étais le seul enfant, parmi ces vieux, qui savait bien lire les rouleaux de parchemin.

Les femmes, occupaient la cour.

Elles venaient avec des chemisettes bouffantes, leurs jupes faites d'un morceau de tissu en soie avec des rayures en couleur, qu'elles roulaient autour de leur corps, qu'on appelait « Fouta » ; leurs têtes étaient couvertes de foulards qu'on appelait « Taqrita ». La plupart de ces vieilles femmes attendaient dans la cour et écoutaient les sons des chansons liturgiques et des prières qu'on entendait du premier étage à travers une petite fenêtre de la synagogue que les hommes laissaient ouverte durant le service.

Je lisais la *paracha* de la semaine du *Sefer Tora*, (le paragraphe sur le rouleau en parchemin), il régnait un silence ! Tous m'écoutaient. Une fois la lecture terminée, je devais faire le tour de tous ces vieux qui me félicitaient avec des compliments comme : « Hazak Veematz », ou « Hazak ou Baroukh » ou « Tizke le Chanim Rabot » ou « Tizke le Hayim ». (« Sois fort et courageux » ou « Sois fort et béni » ou « Que tu vives de nombreuses années » ou « Que tu mérites la vie »). Je serrais la main de ces vieux. C'était la coutume d'alors et d'aujourd'hui. Comme s'ils me disaient : « Bravo ! Tu as réussi une épreuve de la vie. »

Une fois les prières du samedi terminées, ces femmes nous accueillaient dans la cour où elles avaient préparé quelques tables garnies avec des bouteilles de *Boukha* Boukhobza (boisson alcoolique à base de figues) et des plats remplis avec de la « Tfina Kameh » (pieds de veau avec du blé) ou de la « Tfina Camounia » (pieds de veau avec des pois chiches, de l'ail et du cumin) ou de la « Tfina Pkaïla » (épinards frits à l'huile avec des pieds de veau et de la viande qu'on laissait mijoter toute la nuit sur un *kanoun* avec quelques braises dans les cendres), ou encore de la « Tfina Nikitous » (une soupe de poulet préparée avec des morceaux de sellerie et des pâtes fines rondes faites à la main qui avaient aussi cuit lentement toute la nuit et que l'on mangeait avec des grains de couscous). Chaque semaine nous dégustions d'un autre plat de *tfina*. En principe les femmes, et chacune à son tour se chargeaient de faire le plat de *tfina* pour la synagogue. *Tfina* veut dire un plat pour le Shabbat.

En sortant, je parcourais les rues avec ses pavés de pierres qui témoignaient des siècles d'existence ; je me sentais purifié par l'ambiance de ces êtres. Ces sentiments émanaient de cette atmosphère et me pénétraient jusqu'au tréfonds de moi-même. Je gardais jalousement ces sentiments comme des mérites sacrés. Lorsque je quittais ce lieu modeste, j'essayais de prolonger ces douceurs qui m'envahissaient. J'évitais mes meilleurs amis, que je pouvais rencontrer dans la rue, de crainte de profaner ces sentiments. Je flânais ainsi dans les ruelles qui étaient vides de passants, afin de retarder mon arrivée à la maison. Ainsi je gardais jalousement cet état d'âme dans lequel je me trouvais. Je me croyais le seul à être enveloppé de ces doux sentiments. Je les considérais personnels et pures. Mes parents et mes amis ne pouvaient pas deviner que mon isolement était volontaire. J'avais beaucoup de compréhension et de respect pour eux.

Aujourd'hui, je me sens gratifié de pouvoir me réfugier à certains moments dans ces agréables souvenirs. Je me rends compte, qu'il n'est pas toujours donné à tout le monde de se réjouir de ces paisibles moments. Je me rends aussi compte que malgré les tractations, les responsabilités et l'évolution que chacun de nous passe dans sa vie, nous avons tous le besoin de nous retirer en nous-mêmes pour découvrir petit à petit notre monde, qui se trouve en nous. Je me dois de témoigner que ces mêmes sentiments agréables émanaient aussi d'un vieil homme musulman qui était pieux et qui venait souvent visiter papa à son magasin, ce qui me permet de conclure que certaines personnes possèdent cette sérénité et ce rayonnement, sans rapport avec la religion à laquelle elles appartiennent. Mon expérience me prouve que personne ne possède l'exclusivité du monde spirituel. Depuis j'ai appris à respecter tous les êtres, quels qu'ils soient. J'ai trouvé que Saadani était la personne de ma ville qui répondait le mieux au personnage que je voulais présenter et qu'il méritait d'être la personne principale de mon récit qui dépeint le genre de personnes de ma ville et le caractère qu'aujourd'hui on ne trouve que très rarement.

*Les belles journées
à Hammam Lif*

Mon arrière-grand-père Saadani nous avait quittés lorsque j'avais dix ans. En ce temps-là il vivait en hiver à Béja et en été à Hammam Lif dans la maison que son père et son frère lui avaient laissée en héritage. Donc je vais commencer par la vie que j'avais connue lorsqu'il était en vie. J'essaierais de raconter son histoire en général telle qu'elle m'était parvenue par lui-même et par plusieurs membres de la famille, afin de donner une idée sur le personnage de Saadani et sur la vie d'antan.

Chaque année, pendant les vacances du mois de juillet, ma mère, mes sœurs et moi prenions le train pour Tunis et de là vers la ville de plage Hammam Lif. Nous étions très heureux de prendre le train et surtout de jouir du séjour. Nous étions remplis de rêves de cette ville, où chacun rencontrait des cousins et des amis qui venaient de partout. Lorsque j'étais plus âgé, maman et mes sœurs partaient toutes seules à Hammam Lif. Papa et moi nous restions à Béja pour ensuite les rejoindre en fin de semaine. Papa travaillait tous les jours dans son atelier et le vendredi nous prenions l'autorail vers Tunis et Hammam Lif.

La maison de vacances avait plusieurs chambres donnant sur une grande cour carrée et un préau qui faisait le contour intérieur et servait de couloir. Celui-ci était large d'un mètre cinquante et bordé vers l'extérieur d'une balustrade d'une hauteur d'un mètre vingt. Au centre de la cour un bassin arrondi avec un jet d'eau ; au milieu de ce bassin des poissons de différentes couleurs nageaient librement. Dans un des coins il y avait une énorme cuisine qui servait à toute la famille. Celle-ci avait plusieurs cuisinières en fonte.

Lorsque j'avais dix ans Hammam Lif était une ville estivale ; ses plages, avec celles des villes avoisinantes formaient un grand bassin dans la Méditerranée. Grand nombre de ses habitants prenaient le train pour aller au travail à Tunis, la capitale. Une ville d'ambiance agréable, favorisée par la fraîcheur matinale qui venait de la mer et de la montagne. Une ville de petite taille et spécifique par la diversité de ses habitants autochtones, Arabes, Bédouins, Juifs, Français, Italiens, Espagnols. La plupart des Italiens venaient des îles de la Sicile et de la Sardaigne. Certains venaient de l'île de Malte. Les colons et les fonctionnaires français se trouvaient presque dans toutes les villes. Les samedis papa nous faisait faire des excursions matinales ; plusieurs familles se joignaient à nous ; celles-ci fuyaient la chaleur torride de

Tunis et d'autres villes. En plus, c'était la ville du bey, le souverain de la Tunisie. Les soirs, sous un ciel clair aux étoiles enchanteresses, nous profitions d'une douce fraîcheur qui parvenait de la mer en groupes de petites brises. Nous allions à la plage pour jouir de ce vent frais du soir. En ce temps-là la climatisation n'était pas connue.

Notre grande famille se composait des tantes, des oncles, des cousins et des cousines, des grands-parents et des arrière-grands-parents ; puis s'ajoutaient à notre grande famille des voisins et des voisines de différentes ethnies et parfois des amis. Notre famille se joignait aux autres familles ; la plupart se connaissaient ou elles étaient des voisines de la même rue ou des rues adjacentes à notre rue. Tout ce monde arrivait lentement à la plage, chaque famille selon sa cadence. Rien ne pressait. Il n'y avait pas de distinction entre Juifs, Arabes, Maltais,

Italiens Espagnols ou Français.

La rue et la plage faisaient l'extension de nos maisons. La plupart des familles apportaient avec elles des couvertures, des draps, des *kilims*, des *hassiras* (des nattes en paille). Aussi elles amenaient avec elles des couffins qu'on appelait *quartalas* remplis de victuailles et surtout des gargoulettes d'eau. Certains apportaient des instruments de musique, d'autres apportaient des simples appareils qui faisaient de la glace avec du citron et du sucre. Tous s'adossaient à une barrière construite en pierre d'une hauteur d'un enfant, qui séparait la plage de la rue et longeait tout le long de la mer jusqu'à la dernière rue de la ville, d'un côté vers Saint Germain et de l'autre côté vers Soliman. Certaines familles allaient vers La Goulette, d'autres vers La Marsa ou vers Carthage. Dans le fond nous étions un peu partout puisque nous avions de la famille dans presque chaque ville de plage.

A Hammam Lif des centaines de familles venant de toutes parts de l'intérieur de la Tunisie. Elles remplissaient les trains qui faisaient les allers et retours. Ces trains déversaient ces flots de vacanciers qui venaient jouir d'une place dans cette ville de plage pour enfin passer les vacances si longtemps attendues. Chacun selon ses moyens dépensait toutes ses réserves accumulées durant l'année. Nos visages prenaient des beaux teints. Les jeunes prenaient souvent des coups de soleil, certains au dos, d'autres à la tête. Nous nous étalions presque nus au bord de la mer. Lorsque nous retournions des vacances nos cheveux étaient dorés. Cette attraction créait un rythme qui dure depuis des milliers d'années. Ces peuples, descendants des Berbères, des Grecs, des Romains, des Phéniciens, des Hébreux, des Vandales, des Arabes, des Italiens, des

Espagnols, des Maltais et en dernier, des Français, vivent au bord de la Méditerranée et se nourrissent de ses délicieux fruits de mer. Chaque famille occupait sa place près du mur le long de la plage, dans l'ordre de son arrivée et formait un décor naturel qui ajoutait de l'animation à la plage et créait une ambiance humaine.

Pendant que les parents étalaient les couvertures à même le sable, nous les enfants profitions pour jouer ; personne ne nous introduisait. Le fait que nous étions là suffisait pour aussitôt nous entendre, il n'y avait pas de différence entre les origines ou les religions. L'harmonie et le respect régnaient entre nous. Lorsque les femmes sortaient les provisions, nous interrompions soudain nos jeux pour nous joindre et partager ensemble notre premier goûter à l'air pur, comme des petits poussins. Parmi les grandes personnes il y avait ceux qui s'allongeaient, ceux qui profitaient pour prendre un bain de nuit et ceux qui bavardaient. Maurice, le cousin de ma mère, accordait son luth sous le regard curieux des passants et des marchands ambulants. Il était jeune et avait à peine terminé ses études religieuses. Son rabbin qui l'admirait, tant il était un bon élève, lui conseilla de marier sa fille, qui était professeur en langues française et anglaise et maîtresse de musique et de piano. Maurice qui avait à peine quinze ans était heureux d'avoir une belle femme, mure et d'une telle compétence. Elle était beaucoup plus âgée que lui. Depuis il menait une vie agréable et sans soucis.

A la plage des amitiés se nouaient durant les vacances. Les jeunes célibataires trouvaient leurs compagnes de vie, les filles sortaient leurs meilleures toilettes pour plaire aux jeunes gens. C'était une occasion de faire des nouvelles connaissances et en maillots de bain, presque nus, l'attraction entre les jeunes devenait plus vivante. Les plages offraient des occasions merveilleuses pour de telles rencontres. Saadani et Rachelle, mes arrière-grands-parents, se joignaient eux aussi, comme un jeune couple. Toutes leurs filles étaient des grands-mères et leur seul fils Albert était le seul qui n'était pas grand-père. Quand j'avais à peine six ans, cela m'amusait beaucoup de voir Saadani et Rachelle marcher lentement. Je faisais plusieurs fois l'aller et le retour de la maison à la plage pour leur permettre d'arriver lentement. Pour cela je recevais des compliments comme :

« Ya' A'tik Essahah » (Que Dieu te donne de la santé) (Bravo). J'étais trop jeune pour comprendre ces expressions, mais je souriais en signe de satisfaction. Aujourd'hui je me rends compte que ces compliments étaient des bénédictions.

Les chants et les slogans des marchands ambulants qui sillonnaient la plage se faisaient entendre ; chacun flattait et décrivait les qualités de ses friandises en chantant des petits couplets. Les odeurs des grillades des restaurants de la rue qui longeait la plage se mélangeaient avec celles des *briks* et des *bombolonis* qui nous parvenaient tous chauds par les jeunes marchands ambulants. A cela s'ajoutait le goût salé des *glibettes* (graines de tournesol ou de courge) et des pois chiches cuits au sable. La soif des jeunes vidait les gargoulettes à peine rafraîchies. La nuit étalait sur nous ses voiles et petit à petit, un silence s'installait sur cette plage et permettait ainsi à Maurice de sortir enfin de son luth les sons de ses premières mélodies. Les voisins qui nous côtoyaient s'approchaient petit à petit pour mieux écouter. En quelques instants ceux qui étaient assis près de nous, femmes et hommes finissaient par se connaître.

Chacun partageait ses provisions avec les autres. Une atmosphère familiale se créait spontanément ; nous devenions soudain une plus grande famille. Nous, les enfants nous nous réjouissions encore plus.

Les marchands de jasmin, attirés par la musique sortaient de l'obscurité. Ils s'assoyaient, à même le sable et assez proche pour jouir des sons de mélodies qu'ils connaissaient. Aussitôt qu'une chanson se terminait, ils nous tendaient des bouquets de jasmin tressés (*machmoume*), en signe de remerciement. Je me souviens lorsque j'étais très jeune à une telle soirée, Saadani se leva pour se dégourdir les pieds et il dit :

« Chah ! Chah ! En Nesma ! » (Quelle fraîcheur). Personne n'a jamais vu Saadani prendre un bain dans la mer. Tout au plus, il restait debout juste au bord de l'eau et laissait les vagues douces caresser ses pieds nus. Nous faisons comme lui, aussi les pieds dans l'eau et nous disions ensemble :

« Chah ! Chah ! En Nesma ! »Quel Kif ! (Quel plaisir !)

Certaines soirées nous restions à la maison en famille. La cour de la maison était en marbre, les femmes prenaient soin tous les après-midi, de bien laver le marbre. L'eau créait une fraîcheur agréable, ensuite elles étalaient des *kilims* tout autour pour s'allonger et écouter les chants que mes tantes chantaient ; on installait près de la balustrade du côté extérieur le piano de ma tante Marcelle, mes tantes chantaient à tour de rôle, Maurice les suivait et les accompagnait de son luth. Ma tante Koukina jouait de la *darbouka* (tambour tunisien) et Lalou (Elie), le mari de ma tante Marcelle jouait du piano. Les jeunes cousines dansaient les danses orientales aux applaudissements des grands. Les femmes plus âgées nous gâtaient de grillades, des merguez (petite saucisse rouge, épicée) et de la *boukha* Bokhobza ; ensuite c'était le tour des amandes et des gâteaux orientaux comme les *makroud*, du *roh el bey*, des dattes, des noix, des *glibettes* etc. Ces soirées nous donnaient l'occasion de chanter ensemble et c'est ainsi que nous apprenions entre cousins et cousines les nouveaux chants. Nous chantions les chants de Louisa Tounsia, de Hbiba Msika, d'El Ofrit, d'Ali Eriahi, d'Abdelwahab et de Farid el Atrache et tant d'autres chants.

Dans toute cette grande maison il y avait aussi deux familles musulmanes qui vivaient avec nous et partageaient toutes nos joies, nos ambiances et nos nourritures. Ces familles aimaient beaucoup papa et maman car nous venions de Béja et nous parlions un arabe qui était plus rapproché du leur. Je me souviens encore de Wourida et son mari Salihou, ils avaient une fillette de notre âge qui était amoureuse d'un de mes cousins, mais cela n'était que platonique. Les enfants jouaient ensemble et nos parents avaient des relations de bons voisins, en fait nous étions des vrais voisins.

Saadani et Rachelle

Un jour maman m'avait raconté comment Saadani, son grand-père avait connu sa femme. Il lui avait confié son histoire :

« Mon nom est Saadani, je suis né à Béja, une des plus belles villes de toute la région de la Khroumirie (Khemir). Je viens d'une famille bien aisée, mais moi je suis très pauvre car je suis tombé amoureux d'une jeune fille qui s'appelle Rachelle, la plus belle fille que je n'ai jamais rencontrée, je l'avais aimée au premier regard. En réalité elle devait être la femme de mon grand frère. Une fille cultivée et d'une famille bien aisée qui venait de Jérusalem juste après les émeutes.

Elle habitait à une distance de quelques jours de Béja. J'avais parcouru le trajet à cheval et il m'a fallu plus d'une semaine pour atteindre ce bled. C'était très fatigant et je devais passer plusieurs endroits très périlleux ; je m'étais aventuré dans un chemin ardu, j'avais même risqué plusieurs fois ma vie à cause de cette fille, donc il était bien naturel et raisonnable que je la demande pour moi-même autant plus qu'elle m'avait plu dès le premier jour. Elle a des yeux si doux et sa peau est blanche comme le blé de chez nous, donc tu vois, tout était là à m'attendre et à part cela elle m'était destinée, la preuve en est que je l'avais mariée. Son père m'avait bien reçu et j'avais passé trois jours comme un prince, donc il m'était très difficile de ne pas la demander en mariage, c'était la moindre des politesses envers une personne qui m'avait réservé un si bel accueil. J'étais moi-même très réservé et je ne lui ai même pas adressé la parole avant d'avoir d'abord parlé à son père.

Le troisième jour, alors que je me trouvais tête-à-tête avec son père, il me demanda la raison pour mon aimable visite et c'était là où je me sentais dans l'obligation de dire quelque chose de bien et après avoir réfléchi un moment je trouvai que lui demander la main de sa fille pour quelqu'un d'autre qu'il n'avait jamais vu n'était pas approprié et peut-être même impoli, c'est là que je lui avais dit :

'Je vous remercie de l'aimable hospitalité que votre famille et vous-même m'avez réservée, et j'espère que je ferai part de votre estimable famille et si je pouvais vous le dire ouvertement, depuis que je l'avais aperçue voilà déjà trois jours, je suis tombé amoureux de votre fille Rachelle et si vous acceptiez de me la donner en mariage je serais l'homme le plus heureux du monde.' »

Le père qui lui aussi espérait marier sa fille avec un jeune homme sérieux, en écoutant les confessions de Saadani et sa déclaration d'amour, le regardait avec beaucoup d'appréciation, puis, il appela sa fille Rachelle de les joindre et il fit :

« Ma fille, ce bel homme qui se nomme Saadani et qui avait eu l'honnêteté de me faire l'éloge de ta beauté et qui t'a aimée depuis qu'il t'avait aperçue pour la première fois, il me demande ta main. Avant de lui donner la réponse je voulais savoir si tu acceptes que je la lui accorde. » Rachelle, les yeux baissés, très touchée de ces belles paroles, son cœur battant et ses joues rougissant comme une tomate bien mûre, d'un sérieux d'une fille bien éduquée et de bonne famille, elle lui répondit :

« Papa, ce que tu décides est bienvenu et rien au monde ne pourrait me remplir de plus de joie que de te voir toi aussi heureux. » Puis Saadani, comme s'il voulait montrer une certaine dignité dit aux deux :

« En réalité, c'est mon grand

frère qui m'avait envoyé ici et je pense que c'est la meilleure idée qu'il n'avait jamais eue, et je lui en suis reconnaissant. Sans faire ce long et pénible trajet, où j'avais failli mourir plus d'une fois, je ne vous aurais jamais mérité. Dieu fait les choses comme il le faut et honnêtement je devais vous demander la main de votre fille pour mon frère, mais comme vous me l'avez accordée, je trouve que c'est bien mon destin. » Le père, ne sachant rien du frère de Saadani, était heureux de marier sa fille à un beau jeune homme de Béja sur lequel il avait entendu déjà des éloges, donc l'histoire sur son frère l'a peu intéressé et une fois que Saadani termina son discours, le père reprit la parole et dit :

« Vous êtes le bienvenu chez nous et puisque ma fille n'a pas d'objection, je vous donne ma bénédiction. Si vous pouviez retarder votre départ, je pourrais inviter aussi le rabbin de notre ville afin que lui aussi vous donne sa bénédiction nuptiale. » Saadani ne faisait aucun rapport avec le mariage, il ne demandait que ça, il prit la parole pour lui dire :

« Quoique le temps presse, je retarderai avec grand plaisir mon retour. »

Le lendemain, le père de Rachelle et Saadani allèrent ensemble en ville et invitèrent le rabbin de la ville et une dizaine d'amis à la réception, comme la religion juive le prescrit. Pendant ce temps, Rachelle et sa maman avaient hâtivement préparé un grand *Ma'aqoud* (viande cuite, pommes de terres cuites, œufs durs coupés en petits morceaux mélangés avec des œufs frais, un peu de poivre et une cuillère d'harissa, puis cuits au four comme une quiche lorraine) ; à part cela elles avaient fait cuire des fèves dans l'eau que l'on sert sur une assiette plate saupoudrées de cumin. Les deux dames avaient préparé une belle table garnie d'un vase de fleurs et du pain frais. L'après-midi les deux hommes arrivèrent accompagnés du rabbin et des personnes qu'ils avaient invitées de la synagogue.

Saadani était très étonné du développement que sa visite avait pris et de l'ensemble des choses. Il était lui-même très surpris de la tournure qu'a pu prendre ce voyage. À la réception, il était tout ému et ne disait rien. Rachelle de son côté était très heureuse que son papa avait bien reçu Saadani, mais elle n'osait pas le montrer de crainte de blesser son père, car dans la coutume de ce temps une fille ne devait pas sourire en présence d'un invité.

Le voyage de retour avait été plus pénible et plus dangereux, car il devait passer par d'autres chemins pour arriver plus vite ; mais en réalité il lui semblait plus long, car c'était la première fois qu'il faisait ce chemin.

Au retour il devait prendre un chemin qui amenait directement à Hammam Lif et pas à Béja, d'où il était parti à l'aller.

Malgré qu'il n'avait jamais mis les pieds dans ce gentil bled de Gafsa, la mission était très agréable car il n'avait jamais pensé aller demander la main d'une fille qu'il n'avait jamais vue et ne connaissant même pas sa famille et quel genre de personne qu'il allait rencontrer pour la première fois. Aussi il était anxieux de réussir dans cette mission familiale et surtout de son grand frère qui était très aimé par ses parents. Sa pensée était continuellement active car c'était pour la première fois qu'il entreprenait un si long et dangereux parcours, mais il voulant plaire à son père aussi.

Pourtant, son grand frère aurait pu aller seul demander la main et ne pas compter sur son jeune frère, mais il n'avait pas d'expérience dans ce genre de pourparlers et encore plus, qui sait quelles seraient les personnes qu'il devait rencontrer et malheur s'il ne réussirait pas à convaincre les parents et la fille. D'un autre côté peut-être qu'il serait bien reçu mais que la fille refuserait ce genre de mariage, sans connaitre la personne en question comme le future mari – tout lui paraissait louche.

Revenons au frère de Saadani qui attendait impatiemment le retour de son jeune frère. Voilà que plus d'une semaine était passée depuis que Saadani était parti. Mais il tarda quelques jours pour ruminer ce merveilleux voyage. Il ne savait pas quoi dire à son frère ; il espérait que tout se passera bien. Après ce long voyage, Saadani était vraiment fatigué et surtout il était impressionné par la beauté de sa future femme et il n'en revenait pas de la façon dont c'était déroulée toute cette merveilleuse rencontre et encore dans une ville qui lui était jusqu'à présent inconnue. A l'aller le chemin lui semblait tellement long. Il s'était rappelé que son père lui avait dit :

« Quand tu seras prêt à faire le voyage, tu viendras à Hammam Lif et tu prendras notre calèche, car pour aller à Gafsa de Béja le chemin te sera long et à cheval c'est bien fatigant, mais à toi de décider ton parcours et ton itinéraire. »

Mais Saadani n'était pas la personne à écouter qui que ce soit et encore plus il n'était pas le type à avoir peur ni la nuit ni le jour. A faire le marché dans plusieurs villes, à Béja et dans les villes de marché chaque semaine, lui et son cheval avaient appris beaucoup de ce genre de voyages… puis costaud comme il était, personne n'osait le confronter. Et encore, avec son calme et son sourire c'était plutôt lui qui effrayait les autres. Même les bandits le respectaient. Sur ce côté il n'avait rien à craindre. En réalité, lorsque son père lui avait dit qu'il pouvait prendre la calèche, il ne voyait pas l'avantage de venir de Béja à Hammam Lif ; par contre, il trouvait que ça lui aurait prolongé le voyage.

Tout en pensant à ces détails de son voyage c'était le cinquième jour depuis qu'il avait quitté Gafsa. Vers midi, Hammam Lif se trouvait à l'horizon. C'était déjà l'après-midi quand la maison de son père était encore à quelques kilomètres de là où il se trouvait. N'étant pas sûr si son papa se trouvait déjà à la maison, il avait fait un petit arrêt pour être frais à l'arrivée et comme toute cette affaire n'était pas tellement claire, Saadani avait préféré retarder l'arrivée et en attendant prendre un café au café d'Allala qu'il connaissait depuis son enfance et ruminer comment présenter l'histoire à son frère et après à son père qui était quand-même un homme d'affaires et avait le flair pour tout.

Finalement, Saadani apparut en tenant dans sa main la *ketouba*, le contrat de mariage juif écrit sur un rouleau de parchemin. Saadani essoufflé, avec le rouleau en main, gardait son sang-froid et semblait avoir un air gai. Il se lava le visage, son frère lui apporta un verre de thé et lui dit :

« Comment s'est-il passé ce voyage ? » Saadani bien hésitant fit :

« Je t'assure, mon cher frère, si ce n'était pas pour le respect que je te dois en tant que grand frère, je n'aurais pas été si loin, j'ai failli mourir, plusieurs fois. »

Deydou, son frère, qui était impatient de savoir, comment cela s'était passé, lui dit :

« Mon jeune frère, tu sais combien je t'aime. Ne t'inquiète surtout pas, je vais te récompenser pour tous les efforts et la fatigue. » Saadani, d'un air épuisé fit :

« Ah, mon cher frère, qu'est-ce que c'était dur, ce voyage ! » Deydou lui tendit son verre de thé, comme pour le consoler, et lui dit :

« Mon cher Saadani, je te serai reconnaissant toute ma vie, pour le geste généreux que tu viens de faire. » Saadani :

« Mais tu ne sais pas ce que je viens de passer ! » Puis Deydou continua :

« Je sais, je sais, mon frère, ah si papa apprendrait les nouvelles, » et comme pour consoler son frère il dit :

« Je le reconnais, puisque moi-même je n'étais pas prêt à faire ce trajet, et si tu veux que je te le dise, je ne suis pas prêt à le faire, même maintenant, » puis il continua d'un air aimable et doux : « Dans le fond je ne la mérite pas. » Saadani, en entendant ces dires, ces paroles lui donnaient un petit confort, lorsque Deydou pris soudain la parole :

« Si papa le saurait, il te sera très

reconnaissant, lui aussi, et du reste il ne va pas tarder à rentrer. » Juste lorsque Saadani voulu ouvrir la bouche, Deydou l'interrompit encore une fois, en lui disant :

« Est-ce que tu as pu voir la fille ? » Saadani lui répondit :

« Et comment ! Elle est d'une beauté extraordinaire et d'une sagesse ! » Deydou qui avait déjà pensé à tous ces petits détails, l'interrompit et lui dit :

« Et son père t'a bien reçu ? » Saadani repondit :

« Ah, c'est un homme charmant, la famille est très aimable, ils m'ont reçu à bras ouverts. » Deydou :

« Et tu as pu lui demander la main de sa fille ? » Saadani, tout fier de lui-même :

« Et comment ! Il a même apporté le rabbin pour la bénédiction. » Deydou, assoiffé d'en savoir plus :

« Et le père a accepté de te la donner ? » Saadani :

« Il ne pouvait pas me la refuser. » Deydou, tout joyeux :

« Et la fille, a-t-elle accepté ? » Saadani :

« Par son attitude et son regard, il me semble qu'elle était très contente. » Deydou :

« Mon cher frère, plus tu me dis ces belles choses, plus je te suis reconnaissant. » Saadani :

« Ah, mon frère, si tu savais, comment qu'elle sait cuisiner, et qu'elle avait même préparé un banquet avec sa mère, de quoi se lécher les doigts ! » Deydou enchanté, lui dit :

« Mon chère frère, peut-on considérer l'affaire close ? » Saadani, tout souriant et radieux agitait sa main qui tenait toujours le rouleau de parchemin :

« Voilà, c'est écrit noir sur blanc. » Deydou, tout ému, ne croyait pas ses yeux :

« Et le père a signé ? » Saadani :

« Le père, et le rabbin, et la

fille ! Mon cher grand frère ! C'est un miracle ! »

« Tu es formidable !!! Je ne savais pas que tu étais si capable, toi, mon jeune frère. »

« Il y a quelqu'un à la porte ! » Deydou :

« Laisse-moi, je vais ouvrir la porte ! » Saadani, tout sûr de lui-même :

« Mais non, laisse-moi ouvrir, c'est peut-être papa qui arrive. » En effet, le père arriva ; Saadani l'embrassa et ferma la porte derrière lui. Le père n'avait jamais vu Deydou si souriant et qui semblait si heureux ; il lui posa la question :

« Alors, Saadani a-t-il réussi à arracher la fille ? » Saadani, qui se précipite pour répondre :

« Papa, elle est dans mes mains, voilà le rouleau ! »

« C'est quoi, ce rouleau ? »

« La *ketouba* (le contrat de mariage). » Le père :

« Qui sont les signataires ? »

Saadani :

« Le père, le rabbin, la fille et moi. » Le père :

« Mais, pour l'amour du ciel, pourquoi toi ? Il fallait que Deydou signe ! »

« Mais, Papa, Deydou n'était pas là, et je ne pouvais pas rater le moment de la signature. Si moi je n'avais pas signé, le contrat n'aurait pas tenu debout. » Le père :

« En quelle capacité as-tu signé ? En tant que témoin ? » Saadani :

« Non, en tant que moi, Saadani, le mari. »

« Mais, tu as été pour demander la main de la fille pour ton frère ! »

« Je t'assure, papa, je leur ai même parlé de Deydou ; ni le père, ni la fille ne voulaient écouter. Alors, je ne voulais pas perdre une telle occasion, et je l'ai demandée pour moi. Si déjà faire tout ce trajet, au moins la demander pour moi. Si tu aurais vu le père et la fille, ils étaient très contents. » Le père :

« Mais, c'est grave, ce que tu racontes. » Saadani :

« Papa, le contrat est en main, je peux bien le donner à mon frère, alors lui il s'appellera Saadani et moi je m'appellerai Deydou, et le problème est classé. » Deydou, qui avait entendu ces dires, sortit de la chambre en pleurant. Le père :

« Je te déshérite. Eh bien, ta part de l'héritage, c'est Deydou qui va l'avoir. » Saadani s'en moquait de l'héritage, mais, il fit semblant d'être fâché. Saadani mit le rouleau de parchemin dans sa poche et sortit pour aller vers Béja. Depuis ce jour Saadani, n'avait plus vu ni son père, ni son frère ; il avait vécu à Béja heureux avec sa femme Rachelle. Son frère Deydou n'a pas vécu longtemps pour recevoir l'héritage de son frère Saadani. Quand son frère Deydou était mort, l'héritage était passé à Saadani. Il hérita aussi la grande maison à Hammam Lif où nous passions tous les étés nos vacances.

La sagesse de Saadani et ses principes de vie

Toute sa vie Saadani a vécu avec quelques principes que tous lui reconnaissaient.

En hiver Saadani aimait les jours de pluie car il prenait plaisir à rester au chaud avec un petit *kanoun* et un *barad* de thé (une théière) à côté de lui. À chaque fois qu'un voisin venait chez lui à la maison Saadani l'accueillait avec ces paroles :

« Haya Sidi Oqo'd, Khoud Cass Tay. » (Venez mon cher, assoyez-vous et prenez avec nous un verre de thé.)

Saadani avait une maîtrise de soi et rien au monde ne pouvait perturber son calme. Il était très croyant mais pas religieux fanatique. Pour lui chaque chose parvenait du ciel et on ne pouvait rien faire en l'opposant. Il disait :

« Il faut se tenir calme et coopérer avec la nature en laissant les choses évoluer tout naturellement sans pression ni excitation, mais attendre avec confiance et joie et tout prendra son cours. »

Il ne se laissait pas influencer par qui que ce soit ; il faisait toutes ses choses soigneusement ; il prenait son temps pour chaque action ; il avait beaucoup de patience. Il ne buvait jamais un verre d'eau avant de le laisser reposer pour un moment, comme il le disait toujours :

« Laisser l'eau se reposer pour qu'elle devienne plus claire. Une eau trouble doit d'abord se calmer avant d'être transparente et potable ; il ne faut pas prendre une décision avec hâte ; il faut laisser les choses s'éclaircir. »

Dans les discussions qu'il avait avec ses amis, il écoutait et ne disait jamais rien. Il n'aimait pas s'exposer même s'il avait raison, son point de vue était que la vérité émergera tôt ou tard comme de l'huile sur l'eau.

Dire très peu sur soi-même et sur les autres, et pour ceux qui aiment parler comme lui, il disait :

« Il y a assez d'histoires à raconter et des proverbes à transmettre ; ils ne feront pas mal à personne et c'est une garantie de ne pas dire des bêtises, car chaque histoire à son cadre et son caractère et chaque proverbe exprime ce que nous voulons transmettre, sachant que ce proverbe est tout simplement une allusion et non pas une attaque personnelle. Si Saadani avait survécu son frère et son père c'est peut-être bien parce qu'il vivait dans le calme et le bonheur avec sa femme. Il se contentait de très peu et il se sentait à l'aise dans son sort. Il ne montrait jamais combien le bonheur lui souriait, il craignait toujours le mauvais œil, et même de ses propres yeux. Il disait :

« Si tu as eu la chance d'avoir gagné quelques chose, ne le dis à personne et ne le répète pas à toi-même, passe immédiatement à l'action pour que ta pensée soit concentrée dans ce que tu fais. Ne regrette jamais ce que tu as fait car ton destin te guide même si tu ne le sens pas. Si quelqu'un est méchant avec toi ignore-le et attend patiemment la fin. Sois gentil avec tout le monde sans exception, ils finiront par comprendre que tu es un être bon et ils t'aimeront. Regardez, les princes, les commerçants et même les bandits m'aiment. »

Il aimait manger seul dans sa chambre avec les portes fermées, il n'aimait pas être dérangé. Un samedi Saadani vint chez nous à la maison et demanda à maman s'il y avait quelqu'un à la maison.

« Il n'y a que moi. »

« Alors fais-moi s'il te plait un

plat de couscous et ferme la porte de la chambre, ainsi je pourrai manger tranquillement. » Maman apporta le manger, le mit sur la table et se retira dans une autre chambre. Saadani lui dit :

« Ne reviens pas pendant que je mange. »

Maman a attendu une heure de temps, puis elle alla voir si Saadani avait fini son repas. A sa grande surprise, elle découvrit que Saadani n'avait pas touché à son plat. Quand elle exprima son étonnement, Saadani lui dit :

« Ce chat n'a pas baissé ses yeux de moi. Comment veux-tu que je mange ? Laisser le chat me prendre un coup d'œil ? »

Saadani était mort avec presque toute sa dentition. Il avait laissé croire tout le monde qu'il avait une mauvaise dentition car il se plaignait souvent du mal de dents. Si quelqu'un lui disait :

« Comme tes joues sont rouges », il réagissait par :

« Mes dents me font mal. » Et pour renforcer le semblant de son mal, il mettait un foulard rouge sur les joues pour dire qu'il avait vraiment mal. Le rouge dans ces régions était un signe protecteur comme la *khomsa* (la main de Fatma).

El Aoula

J'ai aussi connu Saadani lorsqu'il habitait à Béja avec mon arrière-grand-mère Rachelle. Le couple menait une vie simple et paisible. En été les habitants de Béja s'engageaient à un effort considérable pour faire des provisions pour l'hiver. Les provisions à base de blé étaient la tâche des femmes juives et musulmanes et les autres provisions étaient la tâche des hommes de la maison. Les unes qui moulaient le blé et les autres qui le passaient aux divers tamis, d'autres préparaient le couscous à l'aide de tamis plus fins afin de lui donner l'épaisseur qu'elles désiraient. Pour terminer cette tâche elles le faisaient cuir à la vapeur dans des couscoussiers, puis elles l'étalaient sur des draps blancs qu'elles posaient sur les terrasses. Le couscous séchait au soleil jusqu'à être bien sec pour le mettre dans des sacs. C'est pour cela qu'on l'appelait *couscsi chemch,* ce qui veut dire du couscous ensoleillé.

De la même façon elles préparaient des petites pâtes rondes, qu'on appelle la *m'hamsa*. Celles-ci n'avaient pas besoin d'être cuites comme le couscous. La pâte de semoule de blé dur était passée par un tamis aux mailles plus grosses que celui qu'on utilisait pour le couscous. Ensuite on le faisait aussi sécher sur des draps blancs qu'on étalait sur les terrasses de nos maisons. A la fin de la journée les femmes déposaient tous les sacs de couscous et des pâtes *m'hamsa* dans une chambre que l'on réservait pour les provisions.

Elles faisaient un même effort pour faire des provisions de légumes et de viande séchés au soleil. Elles coupaient les tomates en deux, les ouvraient et les mettaient sur des planches pour sécher au soleil. Ensuite, elles les passaient sur un fil, en guirlandes et accrochaient le tout sur des cordes pour les laisser sécher entièrement au soleil. Lorsque les tomates étaient sèches et dures, elles les mettaient dans des sacs qu'on gardait dans les chambres de provisions. Elles faisaient de même avec les piments piquants rouges, laissés entiers, qui servaient plus tard pour la préparation de la *harissa*. Un autre jour, elles râpaient des tomates sur des plateaux et les mettaient sécher au soleil, jusqu'à ce que l'eau s'évaporait entièrement. Elles prenaient cette pâte de tomates et la formaient en boules qu'elles mettaient dans des jarres et les couvraient d'huile d'olive. Certaines femmes faisaient cuire les tomates et préparaient des sauces qu'elles mettaient dans des récipients en verre.

La *harissa* se préparait avec des piments rouges secs, de l'ail, de la coriandre, du cumin et du sel, que les femmes écrasaient ensemble avec des pilons en cuivre. Ensuite elles la mettaient dans des récipients et elles les couvraient avec de l'huile d'olive.

Certaines femmes faisaient des pâtes plates coupées en long, qu'on appelait la *rechta* ; les méthodes pour faire les pâtes provenaient des immigrants de l'île de Sicile et de l'île de la Sardaigne. D'autres pâtes se faisaient avec des œufs. On occupait les vielles femmes en leur donnant de grosses boules de pâte pour faire des petites pâtes cylindriques, pointues des deux côtés, longues d'un centimètre et demi, qu'on appelait *khlalem*. Elles les roulaient entre le pouce et l'index, et ensuite on les faisait sécher au soleil. Les familles juives faisaient aussi des pâtes très fines avec des œufs. On les roulait en boules de deux millimètres de diamètre. On les appelait *nikitous* et on les servait les samedis dans une soupe de poulet.

Certaines familles faisaient du *harou*s, cela ressemble à la *harissa* mais avec des piments verts frais, non piquants, qu'on écrasait au pilon ; on ajoutait de la coriandre et du sel. Puis on ajoutait de l'huile d'olive et on le mettait dans des petits jarres en verre. Les enfants mangeaient le *harous* sur des tranches de pain. Le *harous* est plus fréquent dans le sud de la Tunisie.

Une fois le travail de toutes ces provisions terminé, les femmes coupaient des petits morceaux de viande de deux par deux centimètres, qu'elles salaient, puis elles les enfilaient sur un fil, à l'aide d'une aiguille, puis elles étalaient cette viande en forme de guirlandes qu'on accrochait sur une corde pour les faire sécher au soleil. Cette viande sèche s'appelait *qadid*. Ensuite elles la mettaient dans la chambre à provisions pour l'hiver.

Certaines femmes séchaient aussi

des fruits en guirlandes, comme les pommes, les poires, les prunes, d'autres faisaient des confitures qu'elles gardaient dans des récipients en verre.

Les hommes préparaient certains légumes pour les conserves, comme les olives vertes. On mettait les olives dans le mortier puis, avec le pilon on cassait les olives de sorte qu'elles s'éventrent, afin que le sel et le jus de citron les pénètrent. Une fois cette opération terminée on mettait ces olives dans des grandes jarres avec de l'eau, du sel et du citron. Certains y ajoutaient toutes sortes d'épices, comme, de la coriandre et du poivre noir en grains. On faisait cette même opération pour les cornichons, pour les tomates vertes, pour les petites aubergines, pour les piments, de la même façon que les olives vertes. Certains les faisaient avec du vinaigre au lieu du citron. Quant aux olives noires, on les étalait couche par couche dans des jarres en mettant du sel entre les couches d'olives.

La foire de Nefza

Il était de coutume dans notre région que les villes tiennent des foires un jour par semaine. Ces foires permettaient aux vendeurs et aux acheteurs de se rencontrer, d'exposer et de vendre au public leur marchandise. Dans les moments d'attente ils échangeaient leurs idées et les nouvelles du jour et si le temps le permettait, ils se racontaient des histoires.

Avant l'arrivée des Français les déplacements se faisaient à cheval, à dos d'âne, en charrette, et les plus aisés les faisaient en calèche. Les marchands et les acheteurs musulmans et juifs devaient se lever très tôt et formaient un genre de caravane, afin d'arriver le matin à la foire qui se tenait tantôt dans une ville et tantôt dans une autre selon le cycle de la foire en question et selon un calendrier prévu à l'avance. Ils se groupaient pour parcourir le chemin ensemble et aussi pour éviter les pièges que leur préparaient les bandits. Ils se sentaient en sécurité et plus à l'aise ensemble. Lorsqu'ils rencontraient les patrouilles du bey, celles-ci profitaient de toute excuse pour leur soutirer des contraventions ou des impôts ; on voyait ces patrouilles spécialement en été. Elles venaient au nord du pays pour encaisser les impôts des habitants.

Les commerçants allaient à la foire et d'autres marchands se dirigeaient vers différents chemins pour atteindre des villages voisins pour faire leurs affaires, mais tous ces commerçants tenaient à faire un bout de chemin ensemble tant pour leur sécurité que pour agrémenter leur voyage. Ces rencontres servaient aussi pour les échanges de nouvelles familiales et commerciales, comme les offres et les demandes de produits dans les autres villes et villages. C'était un genre de service de renseignements ambulant. Ensuite ils se séparaient chacun selon sa destination. Grâce à ces rencontres plusieurs mariages et affaires se tramaient. Ces voyages, parfois sous un ciel bleu et parfois sous des tempêtes, créaient une atmosphère intime et permettaient à l'homme de se dévoiler et de montrer ce qu'il y avait de bon ou de mauvais dans son caractère. Des amitiés se nouaient et se forgeaient, des destinées entières naissaient à cheval sur ces chemins lointains. C'est de là que viennent les questions :

« Enti Oeld Echkoun Ouahfid Echkoun ? » (Fils de qui et petit-fils de qui es-tu ?) Comme mon père me disait :

« Ne frappe pas quelqu'un avant de savoir qui est son père et son grand-père. » Il fallait toujours vérifier s'il n'y avait pas des promesses ou des obligations faites depuis longtemps entre grands-pères où entre pères, qu'il fallait respecter ou prendre en considération. Que de fois j'avais entendu ces mots en arabe :

« Y Aïchek Khoud Bkhatri. » (Je t'en prie, aie considération pour moi.) Pour vous donner un exemple vivant, dont j'ai été témoin : mon père avait assisté un Musulman de Béja avec qui il avait été ensemble dans l'armée française. Plusieurs années étaient passées depuis et un jour la maman de ce soldat était venue voir mon père pour intervenir, car son fils était parti avec un revolver pour tuer un médecin qui n'avait pas su guérir son fils. Sans hésitation aucune, papa le rattrapa juste à l'entrée de la maison de ce médecin. Le soldat avait le revolver en main. Aussitôt, papa lui dit :

« Mon frère, donne-moi ce revolver, en ma considération ! » L'ancien soldat, sans hésiter dit à mon père:

« Ya Sidi, Enta Hbibi el Haqani, Haou El Fard. » (Oui mon cher, tu es mon vrai ami, voici le revolver.) Le soldat remit le revolver à papa et ainsi papa avait sauvé la vie du docteur et la vie de son ami aux armes. Comme vous le constatez, il y a ici un geste entre deux hommes où une ancienne obligation et l'amitié étaient prises en considération.

Mon arrière-grand-père Saadani était parmi les marchands qui allaient aux foires. Il avait une stature imposante et surtout avec ses cheveux blonds et ses yeux bleus, tout le monde l'admirait, certains disaient même qu'il était un vrai Bédouin. Malgré sa taille de géant, il était très doux et aimable et il savait parler avec les bandits et négocier avec les patrouilles du bey. Il entamait la discussion sans peur ni crainte, il était tout naturel. C'était l'homme qu'il ne fallait pas qu'on touche, tant pour sa gentillesse que pour sa force. Cependant, Saadani n'avait jamais levé le bras sur qui que ce soit. Si quelqu'un venait à le menacer, il disait tout simplement et tout au plus :

« Ma Tahchemech ? » (Tu n'as pas honte ?) Ce mot-là suffisait pour décourager l'agresseur.

Toutes les semaines, le groupe de Saadani se rendait d'une foire à l'autre. Les lundis c'était la foire de Nefza, les mardis ils restaient à Béja où la foire se tenait, les mercredis ils allaient à la foire de Souk el-Arba (Jendouba) et les jeudis c'était le tour de la foire de Souk el-Khemis (Bou Salem).

Ce lundi-là, mon arrière-grand-père devait se rendre à la foire qui avait lieu à Nefza. Très tôt le matin, quelques heures avant le lever du soleil, les amis marchands se réunissaient pour faire la route ensemble, ce programme était convenu la veille du départ. Saadani, qui savait très bien prévoir le temps en regardant le ciel, avait annoncé à tous ses amis, que le jour de la foire sera beau. Ce jour-là tôt le matin le groupe se mit silencieusement en route vers la foire de Nefza.

Aussitôt qu'ils atteignirent le début du chemin qui les menait vers le nord, les conversations s'entamaient entre cavaliers. Le chemin qu'ils devaient prendre traversait des collines et des vallées et au loin on voyait les montagnes couvertes de neige. Saadani aimait surtout raconter des histoires. Par ce fait le chemin semblait se raccourcir. C'était du reste une des raisons pour laquelle les amis de Saadani aimaient tant sa compagnie.

Les chevaux avançaient d'un pas lent, leurs oreilles bougeaient vers l'arrière à chaque fois que l'un des hommes haussait sa voix. De temps en temps Saadani regardait le ciel pour ne pas rater le lever du soleil, et dès que le soleil apparaissait à l'horizon Saadani s'arrêtait et descendait lentement pour bénir la journée. Il faisait froid surtout si tôt le matin, on n'entendait que le trot des chevaux. Les marchands avançaient deux par deux ou trois par trois si le chemin le permettait, pour pouvoir s'entendre et pour ne pas se perdre. Dans l'obscurité les chemins étaient peu visibles. De temps à autre on entendait quelqu'un qui levait sa voix, son cheval venait de cogner une pierre.

Tous ces amis musulmans et juifs se connaissaient très bien et avaient tous certaines relations amicales ou familiales ou parfois ils étaient tout simplement des voisins. Chacun d'eux s'engageait à protéger ses compagnons de route. Le trajet n'était pas sans risque et ne se faisait pas sans émotion et sans crainte. Plusieurs fois des cavaliers retournaient avec des blessures causées par des bandits. Beaucoup plus tard, lorsque Saadani vivait à Hammam Lif, et durant son vieil âge ses deux petits-fils ne voulaient plus se joindre au groupe de Béja. Ils se disaient courageux et ainsi ils étaient démunis de la protection de tout le groupe. Une fois ils étaient partis seuls à cheval. Des amis, qui étaient par hasard de passage, les avaient arrachés des mains des bandits qui venaient déjà de leur donner une bonne raclée et un des deux frères était blessé à la tête avec un *dabouz* (massue ou casse-tête). Evidemment les bandits ne savaient pas qu'ils étaient les petits-fils de Saadani.

En route il y avait une place dangereuse où la caravane devait passer. Cette place s'appelait El Khenga. Elle se trouvait entre Béja et Nefza. Là les bandits se cachaient et attendaient leur proie. Il y avait plusieurs places dangereuses sur les routes des foires. Le bey venait d'organiser des troupes à l'aide de soldats tunisiens pour justement rendre la circulation plus sûre entre les villes et permettre ainsi aux produits de circuler librement. Hélas les troupes du bey ne réussissaient pas toujours à surveiller toutes les routes et certaines places en même temps. Lorsque le convoi de Saadani s'approcha de cet endroit, les cavaliers s'arrêtèrent pour un moment et se conseillèrent, quant au meilleur moyen de passer cette place sans incident. Les grands tenaient un conseil et à chaque fois ils adoptaient une nouvelle stratégie et des tactiques différentes afin de troubler ces bandits. Parfois ils se préparaient comme pour à un vrai combat et la plupart des fois ils s'en sortaient vainqueurs, ils échappaient à leurs assaillants.

Avant de reprendre la route, les cavaliers se mirent d'accord sur le mot de passe et sur la tactique à suivre mais plus d'une fois ils devaient changer tout leur programme. Cette fois-ci ils avaient opté de passer par El Khenga en silence, afin de ne pas attirer l'attention des bandits. La raison était qu'en passant justement par la place où les bandits se cachaient, ils créaient ainsi une certaine confusion. Celle-ci leur permettait à gagner du temps. Ils avaient passé le mot à tous les cavaliers de s'abstenir de parler, mais Saadani, qui était en tête de la caravane avec un petit groupe et à une certaine distance des autres, ne pouvait pas entendre la décision qui venait d'être prise, à savoir, de garder le silence.

Pour éviter que Saadani ne parle et sachant qu'il était très sensible à toute incompréhension, ses compagnons de route décidèrent de dépêcher un messager agréable à Saadani pour lui passer le mot d'ordre qu'ils s'étaient donné. Car après tout, Saadani était presque toujours le chef de la caravane.

Ce jour-là il avait choisi de se décharger de la responsabilité et avait laissé le soin de la sécurité aux autres. Ses amis voulaient passer le mot d'ordre aussi à Saadani sans toutefois le vexer. Donc comme ils craignaient que celui-ci ne prenne mal le message et pour obtenir sa collaboration, ils conclurent qu'il fallait lui offrir quelque chose en récompense. Ils se cotisèrent pour lui offrir une bonne somme d'argent.

Saadani était en train de raconter une histoire et il avait horreur d'être interrompu. L'un des cavaliers avait été choisi pour la tâche de convaincre Saadani de suspendre son histoire pour un moment, afin qu'ils puissent éviter que les bandits ne les entendent. Le messager se dirigea vers Saadani et avec un ton un peu gêné, lui dit :

« Saadani, voici une pièce d'or, que tes amis te donnent pour cette belle histoire. » Saadani, qui ne comprenait pas le sens de cette pièce, lui demanda :

« Pourquoi cette pièce, vous voulez que je la cache des voleurs ? » Le messager voyant qu'il était plus difficile de convaincre Saadani qu'il ne l'avait cru, lui répondit :

« Mais, Saadani, tu comprends bien, on te la donne parce que nous t'aimons. » Saadani, qui de nature ne croyait pas à ce genre de blagues et d'un ton grave répondit au messager :

« Alach Anach ? (Et pour quelle raison ?) Désirez-vous acheter quelque chose de chez moi, peut-être ? » Et il continua : « Si c'est ainsi, ça m'épargnerait d'aller avec vous à la foire ! Je vous donnerai tout de suite toute marchandise que vous désirez ! » Le messager, voyant qu'il avait mal débuté, reprit :

« Mais non ! Tu ne comprends pas ! Laisse-moi t'expliquer ! » Le messager voulait à tout prix éviter de brusquer Saadani, qui était très sensible à ce genre de propos. Mais, il devait s'acquitter de son devoir envers ses amis. Il se demandait comment le dire à Saadani sans le froisser, car tous aimaient sa compagnie et il craignait que Saadani prenne mal la chose et retourne à Béja. Après un moment de réflexion et de silence il changea sa version et il dit :

« Saadani, tu sais que parmi nous il y a quelques peureux et ils préfèrent que tu arrêtes pour un moment ton histoire jusqu'à passer El Khenga. » Saadani écoutait son collègue en fronçant ses sourcils, et d'un ton moqueur il répondit :

« Aha, ils ont peur des bandits, qui sont ces peureux ? » Le messager :

« Saadani, je ne devais pas te le dire ! Ils sont tout-de-même nos amis. » Saadani, qui devenait un peu curieux fit :

« Combien sont-ils, ces trouillards ? » fit Saadani. Le messager, d'un air nonchalant et aléatoire, répondit :

« Euh, quelques-uns. » Saadani, d'un air sérieux dit :

« Ah bas, si c'est comme ça, moi je vais retourner à Béja ! » Le messager, voyant sa mission s'effondrer, répliqua d'un ton inquiet :

« Eh bien, si tu veux savoir, ils sont exactement deux. »

« Tu dis deux ? » répliqua Saadani, puis il ajouta :

« Dis-moi à l'oreille qui sont ces deux ? » Le messager, d'un ton un peu ennuyé fit :

« Mais je ne peux pas te dire plus. Je t'en prie, n'insiste pas, Saadani. Je vais me fâcher moi aussi. » Et d'un air réconciliant, Saadani lui dit :

« Oh, si ce n'est que deux, après tout, on va les encadrer parmi nous, on est quand-même assez nombreux. Et cette pièce en or, c'est quoi, alors ? »

« C'est pour que tu gardes le silence jusqu'à ce que l'on passe El Khenga, le coin des bandits. » Saadani, d'un air vainqueur, mit la pièce dans sa poche et continua son chemin. En effet la caravane le suivait en silence.

Saadani, souriait en lui-même, comme s'il cachait quelque chose.

Arrivés à la place dangereuse, El Khenga, Saadani ne pouvait plus garder sa bouche fermée et juste au milieu d'El Khenga, il frotta d'abord la pièce d'or qu'on venait de lui donner et avec une voix alarmante, il cria :

« Vous voulez m'étouffer avec votre pièce en or ? Bandits ! Bandits ! Sortez ! Sortez ! Ils ont peur de vous. » En effet les bandits étaient là et les attendaient, mais en voyant mon arrière-grand-père avec la caravane, le chef des bandits s'approcha d'eux et leur dit :

« Salam A'likoum (Paix soit avec vous), puisque Saadani est avec vous, continuez votre chemin en paix. » Ainsi la caravane pouvait reprendre son chemin tranquillement.

Arrivés à la foire, chacun s'installa comme d'habitude. Ce jour-là, il faisait un ciel bleu, la foire grouillait d'acheteurs. Les commerçants semblaient être très contents, le flot d'acheteurs était constant. Les marchands de Béja qui avaient des tas de choses à offrir, réussirent à vendre tous leurs produits. Ils passèrent la nuit dans un *fondouk* (auberge pour les hommes et les chevaux).

Le lendemain après la foire, tôt le matin, ils se préparaient pour le trajet de retour. Saadani ne voulait pas faire le chemin avec ses compagnons, il prit son cheval et se mit en route sans les attendre. Ses amis, qui avaient des grandes sommes d'argent avec eux après une bonne journée de marché, et qui ne voulaient pas courir le risque d'être attaqués par les bandits, le voyant partir sans eux, mirent leurs bourses d'argent dans un même sac et rattrapèrent Saadani en lui disant :

« Puisque tu n'es pas très chargé, nous te prions, Saadani, de prendre ce sac avec toi ! » Saadani, d'un air généreux prit le sac avec lui sans connaître son contenu, et sans dire un mot, il continua son chemin. Arrivé à El Khenga les voleurs s'approchèrent de Saadani et lui dirent :

« Saadani, où sont tes compagnons ? » Saadani répondit :

« Ils sont loin et peut-être à une heure ou deux de route derrière moi. » En effet, les bandits n'osaient pas faire du mal à Saadani, tant il était bon. Saadani passa tranquillement avec ce sac plein d'argent.

En attendant, sa femme Rachelle, qui à chaque fois que son mari allait à une foire s'inquiétait, est allée voir une voisine, Mouna, dont le mari était aussi parti avec la caravane de Saadani. L'absence des maris nouait une amitié sincère entre les femmes du même groupe. Ce jour-là Rachelle disait à Mouna :

« Puisque nos maris sont absents je

me ferais le plaisir de cuisiner pour nous deux. » Mouna, connaissant la bonne cuisine de Rachelle avait répondu :

« Chfaïfi Hakouni » (Mes lèvres me démangent) ce qui signifie en tunisien, qu'elle allait recevoir des nouvelles. Les deux femmes devenant à nouveau inquiètes à l'idée éventuelle de recevoir des mauvaises nouvelles, laissèrent la proposition de Rachelle de côté et chacune se mit à prier pour le bien-être de son mari.

Plus tard dans la matinée tous les amis de Saadani prirent le chemin du retour, assurés que l'argent était avec Saadani. Ils ne s'inquiétaient plus des bandits et parlèrent librement à haute voix. Arrivés à El Khenga, les bandits les arrêtèrent. Les voyageurs répondirent qu'ils n'avaient point d'argent avec eux, ce qui, évidemment ne plaisait pas aux bandits et les rendaient soupçonneux. Ces derniers étaient très furieux et ordonnèrent à tous les cavaliers de descendre des chevaux pour leurs permettre de les fouiller. Comme ils ne trouvaient rien de précieux à prendre, de colère, ils s'attaquèrent à chacun des marchands, ils leur jetèrent les biens qu'ils avaient gardés avec eux et puis ils les lâchèrent comme des malheureux. Depuis, les cavaliers avaient beaucoup de respect pour Saadani.

De son côté, Saadani, qui avait du cœur, n'osait pas aller à la maison avant de voir le retour de ses amis. Il les attendait à l'entrée de Béja. Plus de deux heures passèrent et il ne voyait pas l'arrivée de ses amis, il attendit encore un moment pour s'apercevoir qu'hélas la caravane s'approchait doucement et en désarroi. Lorsque les hommes étaient enfin devant lui, Saadani vit qu'ils étaient dans un état déplorable, tristes et abattus. En les voyant, il se disait en lui-même « Halethem Hlayel, » (leur état est abominable), ils étaient comme des clochards. Ils étaient dépourvus de leurs biens et certains paraissaient blessés. Il comprit ce qui c'était passé. Il s'excusa et il leur promit de ne plus les laisser aller seuls.

Le mardi, le jour de la foire de Béja, les maris étaient heureux de rester dans leur ville ; de toute façon ils n'avaient rien à présenter à la foire. Certains restaient à la maison et d'autres se préparaient pour aller à la foire de Souk el-Arba qu'on appelle aussi Jendouba, qui avait lieu le lendemain, mercredi.

Rachelle était heureuse de revoir son mari sain et sauf. Mais Mouna, dont le mari était retourné avec des blessures, était triste et s'inquiétait de le voir repartir le lendemain. Saadani qui prévoyait le temps, avait déjà annoncé que le lendemain il y aurait une pluie torrentielle et qu'il valait mieux rester à la maison.

Saadani et le prince

Des bruits circulaient que les Français allaient occuper la Tunisie. Les opinions des uns et des autres étaient contradictoires. Saadani de principe n'aimait pas les soldats. Il aimait aller librement à travers les champs sans être interpellé ou dérangé par qui que ce soit. Les alentours de Béja offraient à Saadani des plaines et des vallées, de quoi flâner ou vadrouiller toute la journée. Les nouvelles qui circulaient annonçaient à Saadani des troubles inutiles, car il préférait éviter toute armée. L'armée du bey lui était aussi désagréable, comme n'importe quelle autre armée. Il ne comprenait pas pourquoi ces armées ne pouvaient pas rester dans leur pays. « Après tout, leur pays était bien la Turquie, » se disait-il. « Mais pourquoi viennent-ils ici ? N'ont-ils pas de place dans leur pays ? »

disait-il, puis il continua en murmurant : « On m'a dit que la Turquie est un grand pays, du moins c'est ce qu'une fois le prince m'avait dit. »

Le cheval de Saadani et sa femme étaient ses meilleurs amis. Saadani se contentait de très peu. À vrai dire les foires l'amusaient plus qu'elles ne lui rapportaient. Mais rester à la maison n'était pas bien vu chez les Béjaois. Un homme qui se respectait ne restait pas près des femmes, sinon on lui disait qu'il était un « Chméha, Chaded Lefkhad Enssa » (Efféminé, il reste près des cuisses des femmes). C'était la coutume qu'il fallait respecter.

Son voisin avait suivi Saadani et était resté ce mercredi à la maison. Il était aussi méfiant. Tout changement qui venait de l'extérieur dérangeait leur paix. En ce temps-là personne n'osait parler de la politique, les espions de l'armée du bey étaient partout, invisibles. On les appelait les chats noirs. Puis quelques semaines étaient passées et les rumeurs ne s'étaient pas confirmées, ce qui rassurait Saadani.

Les soldats du bey ne venaient qu'une fois par an à Béja, juste pour encaisser les impôts. On les voyait stationnés à Mejez El-Bab, où ils avaient leur caserne. Béja jouissait d'une liberté sans pareil et n'avait pas besoin d'aucune force pour mettre de l'ordre, car le respect et la bonne entente existaient naturellement entre les habitants. Il y avait même le caïd qui représentait les autorités beylicales. Ses fonctions étaient multiples et limitées. Il devait d'abord s'occuper des problèmes de la population et aider le bey ou son fils ou son représentant à encaisser les impôts lorsqu'il venait avec sa *mahala* (camp volant). Une fois les impôts encaissés, on les transportait vers Tunis.

La voisine de Rachelle ne comprenait pas pourquoi le chef des bandits respectait tant Saadani, alors que son mari était aussi fort que Saadani et en plus il était musulman. Pourtant Saadani passa avec ce sac d'argent alors que son mari avait reçu une tannée sans pareille. Celui-ci avait prié sa femme Mouna, qui était très amie avec Rachelle, de demander à celle-ci les raisons de la force et de l'influence de son mari Saadani. Il insista auprès de Mouna d'être très discrète car il ne voulait surtout pas que cela arrive aux oreilles de Saadani.

Par un jour très nuageux les hommes étaient absents. Ils se trouvaient en route vers Tunis où ils devaient faire leurs provisions pour les foires. Mouna rendit visite à Rachelle et les deux femmes se trouvaient à l'aise. Rachelle qui savait bien recevoir les invités, avait reçu Mouna d'abord avec un thé à la menthe, ensuite elle servit des amandes. Les deux femmes étaient de bonnes amies et se mirent à bavarder. Mouna, fidèle à ce que son mari lui avait demandé, dit à Rachelle :

« Paraît-t-il que Saadani est fort, c'est vrai ? » Mais Rachelle, une tasse de thé en mains, avait déjà commencé son histoire. Celle-ci continuait à raconter et Mouna écoutait patiemment et avec beaucoup d'intérêt. Ces nouvelles lui tombaient tu ciel, elle aura de quoi raconter le soir à son mari, se disait-elle.

Un jour Saadani et ses amis commerçants s'étaient dirigés vers Tunis, pour faire leurs achats et se ravitailler pour les foires, comme d'habitude. C'était un mercredi. Saadani était passé voir son ami Khamous le bijoutier pour voir s'il n'avait pas quelque chose de joli pour Rachelle. Après avoir fini tous ces achats Khamous le bijoutier dit confidentiellement à Saadani :

« Mon cher ami, puisque le chemin qui mène à Béja passe par Medjez el-Bab, si tu le veux, fais-moi un plaisir, remets demain ou après-demain cette petite boîte au prince et réfère-toi à sa commande chez Khamous, il me connait. » Puis le bijoutier ajouta : « Et comme il te connaît aussi, cela m'arrangerait et puis c'est sur ton chemin, n'est-ce pas ? » Saadani qui n'avait jamais refusé un service à quiconque, accepta de faire la course pour son ami, il fit un geste de sa tête et dit :

« Haya Mnih, » (Alors, c'est bien.) Il prit la boîte qui contenait le bijou accompagné d'un papier sur lequel le sigle beylical était affixé. Il prit son cheval et se mit en route vers Béja. Il arriva tard dans la nuit et n'osait rien dire à Rachelle, car elle était à moitié endormie. Le lendemain il se leva tôt le matin, pria Rachelle de lui préparer ses habits de fête et se mit à laver son cheval. Tout en le lavant, il lui disait :

« Nharek Ekbir Elyom, Yomken Mechetchouf Farset Siyadatoukoum Oueld El Bey. » (Ta journée est belle aujourd'hui, tu vas peut-être voir la jument du fils de sa majesté le bey.) Evidemment le cheval ne réagissait pas à ces propos, mais il paraissait se réjouir de la fraîcheur de l'eau. Ensuite Saadani lui donna à manger. Puis il alla voir son ami le bourrelier, pour voir si sa nouvelle selle était prête. Sur son chemin il vit un marchand de pompons et de jolies cloches ; il acheta quelques-uns de chaque, de quoi embellir son cheval. En attendant, Rachelle lui avait préparé ses vêtements qu'il aimait bien, et après avoir pris son petit déjeuner, il se mit en route vers Medjez el-Bab.

Saadani juché sur son beau cheval avec la nouvelle selle et toutes ses parures, habillé de ses meilleurs habits de prince, provoquait l'admiration des Béjaois. De temps à autre un passant tout étonné le saluait. Saadani avec son beau *bernous* (cape en laine) brodé par Rachelle qui flottait au souffle du vent et couvrait un peu l'arrière du cheval, il ressemblait à un cavalier du bey. Le ciel était bleu, comme il l'avait souhaité. Saadani se réjouissait à la vue des plaines vertes, il n'aimait pas aller sur les routes, il préférait les raccourcis à travers les champs, les plaines et les vallées. Saadani connaissait les petits sentiers et chemins comme sa poche ; son plaisir était d'être seul à cheval et respirer l'air pur de la campagne. Il flattait toujours l'air pur de Béja et de ses alentours. Quand Rachelle allait avec lui à la campagne il lui interdisait de cracher sur le sol des champs et lui disait :

« Hadika Hard Emqadcha. » (Cette terre est sacrée.)

Saadani et son cheval étaient des bons amis. Saadani ne mangeait jamais avant le cheval. Maintes fois il disait au sujet de son cheval :

« Hadika Haycha, Khelaqha Rabi, Roha fi Yedek Hiya Tatkla A'lik. » (Cette bête est créée par Dieu, sa vie est dans tes mains et elle compte sur toi.) Je me souviens que lorsque nous allions visiter Saadani nous passions d'abord par l'écurie pour voir si le cheval avait de l'eau, nous savions alors que cette visite faisait bien plaisir à Saadani.

Saadani avait parcouru un long chemin à travers les champs. De temps à autre il s'arrêtait pour permettre à son cheval de se dégourdir et de manger un peu d'herbe du coin. Il faisait tout un détour pour lui permettre de boire de l'eau d'un petit ruisseau. Il semblait bavarder avec son cheval comme s'il bavardait avec un être humain. Saadani avait passé ainsi toute une demi-journée à travers les champs et les collines.

Le soleil était au milieu du ciel quand il atteignit l'entrée de la caserne où se trouvait le prince avec ses soldats. Saadani ne se rendait pas compte du chemin qu'il venait de faire. Sans descendre du cheval, il regardait la garde qui le saluait, il ne s'arrêta pas – les soldats le prenaient pour un membre de la famille beylicale tellement il était bien soigné – et il continua son chemin sans se soucier de rien. Il n'avait pas la notion du temps, pour savoir l'heure qu'il était. Il leva sa tête vers les cieux, puis il observa la position du soleil et reprit son chemin. Comme il allait d'une place à l'autre comme si la caserne lui appartenait – tellement qu'il se sentait à son aise – il s'était éloigné de la porte. Il entendit soudain quelqu'un qui hurlait :

« Saadani ! Saadani mon frère ! Heureusement que tu es venu, ces soldats, Dieu sait de quel bled ils sortent, ils viennent de m'arrêter, me prenant pour un voleur ! Imagine-toi, moi comme voleur ? » Saadani tourna sa tête et il reconnut le visage d'Abou

LaRouah, le grand chef des bandits de Khengat kef Etout, que j'appellerai pour ce récit comme l'appelait Saadani « El Khenga », celui qui avait maintes fois été aimable à son égard. Les soldats, dont la plupart ne parlaient pas l'arabe, voyant Saadani avec sa tenue, le prenaient pour un prince. Saadani s'approcha d'Abou LaRouah, puis il prit du souffle et à haute voix il dit :

« Vous n'avez pas honte de faire une aussi grave erreur! Et encore vous avez de l'audace d'arrêter mon frère? » Saadani faisait agiter le papier que le bijoutier lui avait remis avec le cachet du prince. Les soldats qui ne connaissaient pas Saadani, voyant qu'il tenait un document avec le cachet du prince, lâchèrent Abou LaRouah en lui disant :

« Aya Emchi Ma'Khouk. » (Allez, partez avec votre frère.) Ces soldats ne voulaient pas avoir des histoires avec leur supérieur ; ainsi Abou LaRouah se trouvait du coup relâché et en liberté, grâce à Saadani. Depuis, Abou LaRouah, qui déjà avait un grand respect pour Saadani, devint encore plus aimable avec lui. Saadani de sa part, et pour compléter le bon jeu, embrassa Abou LaRouah devant les soldats et lui dit :

« Mon frère, pardonne leur, ils se sont trompés, et ne dit surtout rien au prince. » Abou LaRouah qui rentra aussitôt dans le jeu, lui répondit d'un air généreux :

« Bkhaterek Samahtem. » (En ta considération mon frère, je leur ai pardonné.)

Les deux hommes, continuèrent leur chemin vers le quartier général du prince qui était composé d'une grande tente, puis il y avait une petite tente qui formait un genre de vestibule par lequel Saadani devait passer. À l'entrée Saadani et Abou LaRouah reprirent un peu leur souffle. Ils se présentèrent au *chaouch* qui faisait la fonction d'ordonnance. Saadani lui tendit le papier du bijoutier ; le *chaouch* jetant un regard sur le contenu, lui dit :

« Oui, je suis au courant, j'ai été avisé de votre aimable visite » et il lança un regard soupçonneux sur Abou LaRouah. Puis le c*haouch* s'absenta un moment. Un instant plus tard le c*haouch* apparu à nouveau, puis il leur fit signe de rentrer ; Saadani et Abou LaRouah le suivirent. Derrière le vestibule il y avait encore une autre tente très large. Elle était toute garnie de tapis, puis à l'intérieur et au fond de cette tente une ouverture menait à un genre de couloir couvert par des toiles. Celui-ci aboutissait à une autre tente plus spacieuse que la précédente.

La tente du prince était bien décorée avec des tapis orientaux et des meubles européens de style italien. En ce temps-là le commerce entre la Tunisie et l'Italie était florissant et ces meubles étaient sans doute commandés spécialement en Italie pour la famille beylicale.

Le prince attendait Saadani du côté droit de la tente, il était assis auprès d'une petite table ronde. Dès qu'il vit Saadani, il se leva pour les saluer. D'abord il fit un aimable geste à Saadani qui retourna poliment le salut avec sa main droite à peine levée jusqu'à sa taille, mais avant que le prince ne les invitât à s'assoir, celui-ci lança un regard dédaigneux vers Abou LaRouah, qui embarrassa Saadani, mais ce dernier ne voulant pas faire un cas de ce regard, avança vite ces quelques mots :

« Mon prince, quel plaisir de vous revoir dans une circonstance aussi agréable, et pour vous être agréable. » Ne voulant pas faire un cas, Saadani lui tendit aussitôt la petite boîte que le bijoutier lui avait remise. Le prince qui connaissait Saadani de par plusieurs visites qu'il avait faites au palais beylical, et d'un air généreux et sans même regarder la petite boîte, il fit à nouveau un geste gracieux à Saadani de s'assoir et lui dit :

« Je vous remercie d'être venu, je pensais que le bijoutier me ramènerait ce bijoux en personne. Je suis désolé que vous deviez faire ce voyage vous-même. » À ces belles paroles Saadani répliqua :

« Votre Altesse beylicale, au contraire, j'ai pu respirer l'air pur de nos belles campagnes. » Soudain, comme pour le surprendre, le prince fit :

« Qui est ce bonhomme, c'est votre servant ? » Saadani voulait d'abord dire non, c'est mon frère, mais Abou LaRouah lui fit signe de son regard de ne pas dire qu'il était le frère de peur d'embarrasser Saadani. La tenue d'Abou LaRouah était bien piteuse.

Saadani saisit cette nuance et comprit aussi que le prince le prenait pour un notable. Il fit :

« C'est le servant de mon frère,

le pauvre, son cheval et lui étaient tombés dans un ravin, le cheval avait pris la fuite et ce pauvre servant devait marcher à pied pour me rejoindre. » Le prince intervint et dit à Saadani :

« J'espère qu'il ne s'est pas fait mal. » A ces paroles Saadani, d'un ton triste lui répondit :

« Oh le pauvre, non seulement qu'il avait reçu un coup aux genoux et à la hanche, mais ses nouveau habits que mon frère venait de lui acheter se sont bien salis, comme vous le voyez, votre Altesse beylicale. » Saadani intentionnellement prononça à haute voix les mots : « mon frère ». Ainsi, se disait-il, dans le cas où le *chaouch* aurait entendu les mots « mon frère » dans la conversation, cela lui ferait croire que c'était bien du frère de Saadani qu'il s'agissait. Ainsi il ne courrait pas le risque d'être compromis parce qu'il avait dit auparavant aux soldats qu'Abou LaRouah était bien son frère. Abou LaRouah de sa part trouvait cette nuance amusante et cette histoire du cheval bien trouvée et semblait être bien d'accord avec Saadani.

Abou LaRouah qui n'en revenait pas de la coïncidence, n'osait même pas dire un mot, il était stupéfait et se conduisait comme un vrai servant. Ensuite le prince remercia Saadani d'avoir apporté le bijou et appela le *chaouch* pour accompagner les deux invitées. Le prince prit le *chaouch* de côté et lui dit quelque chose à l'oreille. Après un bon moment le *chaouch* revint avec un papier en main, qu'il donna au prince. Saadani et le *chaouch* s'échangeaient des regards sans savoir ce qui se passait. Le prince s'excusa pour un moment, alla à son bureau qui était au fond de la tente puis il revint, et avait dans sa main une lettre et un paquet qu'il tendit à Saadani. Cette lettre disait :

« À tous les officiers de l'armée beylicale, veuillez accorder tout support au Sayed Saadani Sa'adoun et son servant, pour les services qu'ils ont rendu à leur supérieur Prince Ibn Raïs El Pacha. Ces deux citoyens loyaux seront dès ce jour, dispensés de verser tout impôt » Le prince pria Saadani de montrer ce document au caïd de Béja en lui disant :

« Garde cette lettre toujours dans ta poche, elle te servira. » Puis du coup, le *chaouch*, prit le paquet de la main de Saadani et invita Abou LaRouah à le suivre. Ce dernier regarda Saadani et il lui fit un signe, Saadani aussi ne comprenait pas la raison, il suivit lui aussi le c*haouch*. Ils arrivèrent les trois dans une tente où se trouvait un bassin d'eau et des serviettes. Le c*haouch* ouvrit le paquet dans lequel il y avait de très beaux habits, et dit à Abou LaRouah :

« Le prince est désolé de la chute que vous avez eue et si cela ne vous dérange pas, je vous prie d'accepter ces habits afin que vous puissiez arriver chez-vous. Quant au cheval, si vous le désirez, nous pouvons vous prêter un cheval de l'armée, » à quoi Saadani intervint et dit :

« Merci, merci, mais je vais passer au *fondouk* d'à côté et je vais trouver à mon frère un autre cheval. » Le *chaouch* n'insista pas et après qu'Abou LaRouah mit les beaux habits que lui avait donnés le prince, les deux frères de circonstance se retirèrent delicatement.

Lorsque Saadani avait pris congé du prince, il s'éloigna discrètement du quartier du prince, et se dirigea vers le portail sans attirer aucune attention. Les deux marchèrent lentement, Saadani prit son cheval par les guides et marcha jusqu'à la sortie du camp. A chaque fois qu'ils croisèrent les soldats du bey ceux-ci les saluèrent. Puis ils s'éloignèrent derrière un buisson pour ne pas être vus par les soldats. Saadani commença ainsi son entretien avec le chef des bandits :

« Abou LaRouah, comment entends-tu retourner à ta base? Maintenant que tu es bien habillé tu pourras à ton tour être attaqué par des bandits. » Celui-ci fit un geste de malheureux, puis Saadani continua :

« Tu veux que je te prête un peu d'argent ? » Abou LaRouah lui répondit :

« Non, pas du tout, je n'ai besoin que d'un cheval, juste pour retourner chez moi. » Saadani ne voulant pas insister sur le mot argent, lui dit :

« Ah! Si ce n'est qu'un cheval, je vais voir si j'en trouve un chez un de mes amis du coin. » Il donna ainsi l'impression au chef des bandits qu'il avait bien des amis partout, au cas où Abou LaRouah en attendant aurait eu des mauvaises idées qui lui passeraient par la tête. Saadani avait compris que le cheval d'Abou LaRouah était confisqué par les soldats du bey et comme il ne voulait pas faire un cas de cela, il dit à Abou LaRouah de se reposer sous l'arbre en attendant qu'il trouve un cheval. Ce dernier s'était assis auprès d'un arbre et attendait patiemment le retour de Saadani. Au bout de quelques bonnes heures, Saadani finit par trouver un cheval chez un petit commerçant qu'il connaissait bien et qui se trouvait juste à la sortie du village de Medjez el-Bab. Les yeux d'Abou LaRouah scintillaient lorsqu'il vit Saadani revenir sur son cheval et tenant les guides d'un autre cheval de couleur marron avec des taches blanches sur les côtés. Il était heureux comme un enfant et dit à Saadani :

« Tu es un vrai frère. » Saadani qui n'aimait ni les flatteries ni les remerciements, fit un geste de sa tête et dit:

«Rod Balek Ya Sidi! Madakhelnichi fi Gomma Jdida. » (Fais attention mon cher et ne me rentre pas dans une autre mauvaise affaire.) Les deux nouveaux amis se mirent en route respectivement vers Béja et vers El Khenga mais avant de se quitter Saadani rappela à Abou LaRouah qu'il devait lui rapporter le cheval, afin qu'il puisse le rendre à son propriétaire. Abou LaRouah remercia Saadani de lui avoir sauvé la vie et lui promit qu'il sera protégé par lui-même et par tout son groupe. Saadani écoutait calmement ces dires et ne fit aucun geste, mais il murmura :

« Echeda Fi Rabbi ya Khouya. » (Comptons que sur Dieu, mon frère.)

Saadani s'arrêta juste avant un croisement de sentiers et descendit de son cheval. Abou LaRouah ne comprenant pas la raison de cet arrêt, descendit lui aussi de son cheval et demanda à Saadani s'il était fatigué, à quoi Saadani lui répondit :

« Merci pour tout ce que tu viens de me dire, mais je voudrais savoir la raison de ton arrêt par les soldats du bey. » Abou LaRouah tout calmement répondit ainsi :

« Tu sais bien que dans notre

métier, nous vendons toutes sortes de bons produits qui tombent dans nos mains et cette fois-ci, j'étais arrêté pour une malheureuse chaîne en or qui paraît-il a été volée, et comme je ne pouvais pas prouver que je n'y étais pour rien dans cette histoire, les soldats du bey qui étaient à la recherche d'un voleur m'avaient arrêté alors que je me lavais tranquillement dans l'oued (la rivière). Je pense qu'ils avaient besoin d'arrêter quelqu'un. Mais toi, tu le sais bien, Saadani, que moi je ne vole pas une bagatelle comme une chaîne en or. » Saadani reprit :

« Evidemment, tu ne vas pas te salir pour une chaîne en or ! »

« Ce sont mes hommes qui ont du faire ces bêtises, » répondit Abou LaRouah. Saadani, qui ne croyait pas un mot à tout ce qu'Abou LaRouah disait, et voulant lui montrer que son intervention valait beaucoup, lui dit :

« Mon cher frère Abou LaRouah, tu sais bien combien je t'aime, toi qui ne m'a jamais fait de mal, et en te voyant prisonnier, je ne pouvais pas te laisser dans les mains de ces bruts soldats, que Dieu seul sait où les Turcs les ont trouvés, ils ne savent même pas parler le turc et encore moins notre langue. » Puis, comme pour prendre de l'air, Saadani respira un peu et fit un court arrêt, puis il continua :

« Tu sais ce qui serait devenu de toi chez ces sauvages, ils t'auraient vendu comme un esclave ou comme un vrai servant. Abou LaRouah écouta calmement Saadani et lui répondit :

« Tu vois quelle chance que j'avais de te retrouver après si longtemps, et que tu sais que je ne fais ni des choses mauvaises ni malhonnêtes. J'exerce honnêtement mon métier et depuis que tu m'avais connu la première fois il y de ça des années je n'ai jamais changé de place, je me trouve toujours dans El Khenga et je ne sors jamais de ma région. » Saadani à son tour lui répondit:

« Mon cher ami, Dieu sait combien tu es sage et bien éduqué, et certainement il n'est pas de ton genre de voler une bagatelle comme une chaîne en or, oui, c'est vrai, tu es toujours dans la même place de travail, tu n'es pas le type à changer souvent de boulot, je peux même dire que tu es un homme stable et fidèle à ton travail. Et maintenant tu mérites bien cette belle tenue que le prince t'avait donnée et du reste elle te va bien, tu as l'air d'un noble. » A ces paroles, Abou LaRouah se sentait flatté et pour un instant il commençait à croire qu'il était vraiment un homme honorable. Saadani continua :

« Je ne pouvais pas laisser un homme innocent comme toi être injustement accusé d'un crime qu'il n'avait jamais commis, puis être puni et maltraité comme esclave. C'est pour cette raison que j'avais intervenu. »

Au moment-même, quand Saadani

et Abou LaRouah discutaient, la caserne fut attaquée et le prince et son *chaouch* se trouvaient encerclés par des bandits. Ceux-ci avaient réussi à neutraliser tous les soldats de la caserne, ils prirent les chevaux de ces soldats et après avoir battu tous ceux qui se trouvaient présents dans le camp, ensuite ils les relâchèrent en leur disant :

« Propagez la nouvelle que le prince est prisonnier des bandits. » Ensuite ils ont disparus comme ils étaient venus, en prenant avec eux le prince comme otage. Lorsqu'Abou LaRouah avait été arrêté dans la matinée par les soldats du bey, son adjoint fut informé par un bandit qui se trouvait derrière un buisson et était témoin de l'arrêt de son chef. Il n'osait pas intervenir car les soldats du bey étaient nombreux et c'était contre les règles de leur bande.

L'adjoint d'Abou LaRouah, sans

perdre de temps, prit vingt de ses meilleurs bandits avec lui et organisa une contre-attaque sur le camp du bey de Medjez el-Bab. Cette bande prit le prince avec elle comme otage, mais en effet le but était de pouvoir ensuite faire un échange et forcer la libération de leur leader, Abou LaRouah, comme c'étaient les mœurs du temps.

Saadani et Abou LaRouah ne savaient rien de cette attaque, ils remontèrent à cheval et reprirent chacun son chemin. Arrivé à Béja, Saadani fit d'abord un tour au marché pour acheter quelque chose pour Rachelle, et de ce fait il avait tardé de rentrer chez lui. Pendant son absence le caïd avait visité la maison de Saadani. Rachelle, ne connaissant pas la raison de la visite du caïd, était inquiète, mais elle gardait son sang-froid habituel, son calme, et ne perdait pas de vue que le caïd était une personnalité importante à qui il faut donner le respect. Elle se conduisit très poliment. Elle avait bien constaté que le caïd était nerveux et attendait impatiemment l'arrivée de Saadani. Elle était un peu inquiète mais elle ne le montrait pas. Elle ruminait toutes les possibilités, mais connaissant son mari, elle repoussait chaque mauvaise idée.

Lorsque Saadani était arrivé chez lui, il vit deux *spahis* (gendarmes) postés à l'entrée de sa maison. Il leur demanda la raison de leur présence, ils répondirent que le caïd était en visite chez lui. C'est ainsi que Saadani sut que le caïd était dans sa maison, mais il ne connaissait pas la raison de sa visite. La présence de ces spahis l'intriguait, croyant que le prince avait découvert l'identité d'Abou LaRouah, mais comme il n'avait jamais peur de quoi que ce soit, il décida de confronter le problème, si problème existait. Il salua les spahis et entra chez lui. Il vit le caïd assis tout courbé sur une chaise.

Il se rendit compte que quelque chose de grave était arrivé. Puis d'une voix ferme et aimable en même temps Saadani fit :

« Qu'est-ce qui me donne l'honneur de votre visite, monsieur le caïd ? » Le caïd tout bouleversé, fit :

« Saadani, je vous cherche depuis un bon moment, et heureusement que vous êtes là, il ne faut pas perdre de temps, imaginez-vous, notre prince a été kidnappé par des bandits. » En entendant les propos du caïd, Saadani se sentait rassuré qu'il s'agissait là d'une simple coïncidence. Il fit un léger sourire, son visage montrait un certain étonnement et puis d'un ton flegmatique il fit :

« Ce n'est pas possible ! Je viens de le voir il y à peine quelques heures de cela. Vous ne croyez pas, monsieur le caïd, qu'il s'agit là d'une erreur ? » Le caïd, tout confus, fit :

« Je l'espère ! J'espère que ce que vous dites est vrai, car je viens de recevoir un cavalier spécial du bey, m'annonçant cette mauvaise nouvelle. » Saadani :

« Mais pourquoi moi? Que puis-je faire moi, un pauvre commerçant ? » Le caïd :

« Je suis au courant que les bandits pour une raison ou une autre ne vous touchent pas et paraît-il même qu'ils vous respectent. » Saadani remuant sa tête pour montrer qu'il s'agissait d'exagération, fit :

« Monsieur le caïd, vous êtes bien placé pour savoir combien les gens aiment raconter des histoires, parfois vraies, parfois fausses, et encore plus si même ils disent la vérité, ils aiment interpréter les faits à leur façon. Ils exagèrent un peu afin d'embellir leurs histoires. En agissant ainsi ils cherchent à se rendre crédibles. » Il fit un arrêt puis il ajouta :

« Ce genre de fausses interprétations et d'embellissements se trouve même dans les livres saints. »

Le caïd ne voulait pas rentrer dans une discussion philosophique et surtout pas contrarier Saadani, qui avait l'air très hésitant à coopérer. Le caïd alla donc à l'encontre de ses habitudes autoritaires, comprenant bien que Saadani était le seul à qui il pouvait s'adresser et il n'était pas l'homme qui cédait à la force ni à la supplication, puis d'une voix douce et amicale il lui dit :

« Absolument vrai ! Absolument vrai ! Ce que vous dites, mon cher Saadani, figurez-vous la situation dans laquelle nous nous trouvons, vous et moi. » Saadani avait bien fait attention que le caïd voulait ainsi l'associer à part égale à cette affaire en disant « vous et moi. » Puis le caïd continua :

« Le bey a sollicité tous les caïds de la région du nord d'apporter leur aide à la libération du prince. Je souhaiterais bien que ce soient nous, les Béjaois qui le libéreront, n'est-ce pas, Ya Si Saadani ? » Saadani, qui avait hâte de donner le cadeau à Rachelle, faisait semblant d'écouter patiemment et d'un air sérieux, comme s'il partageait les soucis du caïd, il fit :

« Ah, combien la situation est grave, monsieur le caïd ! Ah, si je pouvais moi-même résoudre ce problème de bey et de prince, mais je connais quelqu'un d'une très bonne famille qui a une certaine influence sur ces bandits. Il n'est pas de Béja, monsieur le caïd, mais je pourrais le contacter demain, si Dieu veut et voir qu'est-ce qu'il pourra faire à ce sujet. À la rigueur je le prierai de dire que c'est vous, le caïd de Béja, qui l'avait engagé. » Le caïd qui était pressé, voyait que Saadani ne saisissait pas l'urgence de la situation et les retombées positives que la libération du prince représentait. Le caïd qui n'était pas jeune et avait accumulé des années d'expériences, comprenait aussi que Saadani était fatigué, puisqu'il venait d'arriver à cheval de Medjez el-Bab, et sans permettre à Saadani de réfléchir un moment, il fit :

« Saadani, Haya Erkeb Al lahsanek Ouhezni Ma'ak. » (Saadani, allez, montez sur votre cheval et prenez-moi avec vous.) Saadani, qui ne voyait pas les choses de la même façon, trouvait cette solution désagréable et si toutefois il devait aller à la recherche du prince, il préférait aller seul, sans la présence du caïd, car celui-ci représentait un poids et une responsabilité, dans le cas d'un incident quelconque. Puis, après une journée si dure et pleine d'émotions agréables avec le prince et un peu soupçonneuses avec Abou LaRouah, il préférait rester auprès de sa femme qui l'avait attendu toute la journée. A part cela, Saadani qui était fatigué du voyage voyait que cette histoire allait lui gâcher le plaisir qu'il escomptait avoir en revenant d'un voyage et en apportant un cadeau à Rachelle. Il se gratta la tête avant de faire encore une tentative de dissuader le caïd, et il fit :

« Croyez-moi, monsieur le caïd, que sortir le soir dans une place si dangereuse, serait un grand risque pour vous et pour moi. » A cela le caïd commençait à montrer des signes de nervosité. Saadani avait appris de son père un jour qu'il ne fallait pas argumenter ou contredire les autorités. Il se rappelait qu'il fallait toujours dire oui. Comme le caïd insistait à être avec lui, il fit d'abord un léger sourire puis d'un ton conciliateur il dit :

« Eh bien, allons-y, monsieur le caïd, mais je voudrais que vous vous déguisiez en un simple Bédouin et ma femme va vous prêter mes habits avec lesquels j'allais autrefois en voyage à travers monts et vallées et où je me déguisais moi-même en Bédouin. » Le caïd sursauta en entendant ces propos et fit :

« Moi, le caïd de Béja, en tenue de Bédouin? » Saadani crut avoir donné un choc au caïd, tellement le sursaut était brusque et émotionnel. Saadani n'osa plus dire un mot de plus il laissa la parole au caïd :

« Qu'est que le prince dira, en me voyant dans une telle tenue? » Saadani lui répondit naturellement :

« Mais vous restez toujours le caïd de Béja! Et nous les Béjaois, nous sommes après tout presque tous des Bédouins. Le prince sera même bien heureux de voir un visage familier, et il vaudrait mieux que ce quelqu'un soit vous, monsieur le caïd ! Il comprendra que vous étiez prêt à vous déguiser pour lui, en tant que Bédouin et il appréciera bien votre geste, puis pour confronter les bandits il ne faut pas être en tenue de salon. » Le caïd, voyant que les idées de Saadani étaient fixées et ses dires semblaient après tout très logiques, prit une allure autoritaire bien connue au caïd, et dit :

« Oui, Oui, Oui, et vous pensez que ce plan réussira ? » Saadani qui n'aimait pas s'engager ni être responsable, lui dit :

« Echeda fi Rabi Ya Si Lgayed. » (C'est dans les mains de Dieu, monsieur le caïd.) Et comme pour ne pas perdre la face, le caïd lui dit d'un ton aimable :

« Mnih Ya Si Saadani Haya Nemchiou ! » (Bien, monsieur Saadani allons-y !)

Saadani se changea vite, il mit une autre tenue que celle qu'il avait mise le matin et voilà les deux bonshommes sur le chemin d'El Khenga. Saadani n'en revenait pas à voir le caïd de Béja déguisée avec une misérable tenue de Bédouin. Lorsque le caïd voulait prendre des policiers avec lui, Saadani rejeta catégoriquement l'idée et fit :

« Monsieur le caïd, nous ne voulons pas attirer aucune attention, le prince vous remerciera pour la discrétion et les précautions que vous avez su prendre. Le caïd, écoutant Saadani avec satisfaction, se voyait déjà comme héros, le sauveur discret du prince. Le bey lui-même ira le décorer et certainement il l'invitera dans son palais, devant tous les nobles.

Alors qu'ils avançaient sur leurs chevaux, Saadani ne pouvait s'empêcher de rire en lui-même en lançant un regard discret sur le caïd et le voyant courbé comme un pauvre Bédouin. Le caïd ne pouvait pas savoir la surprise que Saadani lui réserverait encore. Jamais Saadani ne mènerait des négociations en présence de quelqu'un. Puis il ne voulait pas que le caïd sache qu'Abou LaRouah connaissait Saadani.

Saadani s'était fait un plan à lui, sans dévoiler quoi que ce soit au caïd, en choisissant le village de Tbaba comme premier point d'arrêt. Il pouvait ainsi laisser le caïd se reposer, en attendant qu'il aille chercher Abou LaRouah à Nefza ou à El Khenga sachant qu'Abou LaRouah devait être dans une place ou dans l'autre. De toute façon les villages étaient très proches l'un de l'autre. Emmener le caïd à El Khenga aurait été un grand risque, car dans le cas où il ne trouverait pas le chef des bandits, les bandits pourraient prendre le caïd comme otage. Saadani ne craignait rien, car à lui seul, il savait toujours se débrouiller et s'en sortir de n'importe quelle situation. Saadani avait aussi prévu qu'après qu'il laisserait le caïd à Tbaba, il continuerait son chemin vers El Khenga et vers Nefza. Le caïd ne savait rien de ce que Saadani tramait.

Le soir, le caïd et Saadani arrivèrent tranquillement à Tbaba. Il faisait encore jour mais la nuit ne tarderait pas à tomber sur ces deux bonshommes. Saadani connaissant bien le village, s'était dirigé vers le *fondouk* qui fait le coin à l'entrée du village. Il conduisit le caïd au *fondouk*, après avoir pris toutes les précautions pour s'assurer que le caïd était en bonne sécurité. Avant de partir il avait promis au caïd qu'il reviendrait aussitôt que possible. Puis il l'installa dans une des chambres habituelles. Ensuite il continua son chemin vers Nefza où il avait maintes fois rencontré Abou LaRouah. Ce soir-là il espérait que le chef des bandits serait déjà de retour et peut-être même qu'il le trouverait au *fondouk* où il l'avait vu la dernière fois.

Le caïd voyant qu'il ne pouvait pas changer l'avis de Saadani s'était aussi rendu compte qu'après tout Saadani était un homme courageux et d'un calme exemplaire. Il se résigna à renoncer à l'idée d'accompagner Saadani, mais un peu plus tard il commençait à avoir peur dans ce village perdu et il se voyait déjà assailli par des bandits imaginaires. Après un certain temps, seul au *fondouk*, il ne voyait pas l'intérêt d'attendre sans rien faire, il décida de retourner à Béja, tant qu'il y avait encore la lueur du jour, sans même informer Saadani.

Saadani s'était rendu dans un des *fondouks* préférés d'Abou LaRouah. Il se souvenait que son ami le bandit lui avait dit que s'il devait un jour le chercher d'urgence il ne devait pas user de son nom de travail mais de son vrai nom qui était « Abou Salem » (le père de la paix). Saadani était le seul à connaitre ce nom et ne l'avait jamais divulgué à personne. Il alla directement voir Abou LaRouah dans un des *fondouks* en croyant qu'il y trouvera son ami.

Revenons à Medjez el-Bab. Aussi, ce jour-là, à Medjez el-Bab et avant de prendre le chemin de Béja, Saadani confia à Abou LaRouah que de même, si Abou LaRouah aurait besoin de lui d'urgence, son nom de code, au lieu de Saadani était Abou Zeen (le père de la beauté). A cette même occasion Abou LaRouah raconta aussi à Saadani qu'il n'avait jamais voulu se joindre aux bandits de la mer car il préférait avoir les pieds sur terre et avoir un travail stable et une adresse connue, ses patelins ont toujours été Nefza et Ouchtata. Puis il ajouta :

« Il ne faut pas changer de région pour faire un travail aussi dangereux que le mien et après tout, les habitants de la région me connaissent. » La plupart étaient toujours aimables lorsqu'il était poursuivi par les soldats du bey.

« On ne sait jamais, avec tout ce qui se passe en Tunisie, avec tous ces soldats étrangers qui viennent de partout pour joindre les corsaires, il vaut mieux avoir un deuxième nom. »

Comme ce jour-là était un jeudi, qui veut dire en arabe Liyoum El Khemis, (le cinquième jour) donc il savait qu'Abou LaRouah n'occuperait qu'une chambre qui avait le chiffre cinq. Saadani sans hésiter se dirigea vers la chambre numéro cinq du *fondouk* et sans scrupule frappa à la porte et dit :

« Abou Salem ! Abou Salem ! » De son côté Saadani, était bien chanceux. Abou LaRouah reconnu la voix de Saadani, il répondit :

« Abou Zeen ! » Saadani sans hésiter entra dans la chambre avec une confiance sans pareille. Abou LaRouah, qui n'était pas au courant que ses hommes avaient kidnappé le prince, était étonné de revoir Saadani ce jour, alors qu'il venait de le quitter quelques heures auparavant. Le visage d'Abou LaRouah était pâle, il craignait que Saadani fût venu le prévenir d'un danger et comme il était le chef des bandits, tout était possible. Saadani, le voyant dans un tel état, lui dit :

« Mon cher Abou LaRouah, j'ai besoin de ta grande sagesse et tu es le seul à me comprendre et à saisir les ramifications que cela pourraient avoir sur notre proche futur. Tu le sais bien que je ne viendrais pas jusqu'ici dans la nuit si ce n'était pas important. »

Abou LaRouah qui écoutait Saadani ne voyait encore pas à quoi celui-ci se référait et lui dit :

« Ya Si Saadani, tu sais bien combien je te dois, donc vas-y, dis-moi qu'est que tu veux que je fasse et je le ferai sans hésitation. » Saadani qui aimait prolonger l'histoire lui répondit :

« Mon frère Abou Salem, que ce deuxième nom, qui veut dire : 'Père de la Paix' nous apporte à tous la paix. Maintenant écoute-moi calmement et tu vas voir quel ami tu as. » Abou LaRouah l'interrompit immédiatement et fit :

« Mon frère Saadani, je n'ai plus besoin de preuve, tu m'as déjà sauvé la vie, c'est la meilleure preuve de ton amitié. Dis-moi qu'est que je dois faire et ça sera fait. » Saadani fit :

« Eh bien ! Je veux ton attention et écoute moi ! » Abou LaRouah :

« Vas-y, tu as mon entière attention, je t'écoute. » Saadani d'un ton sérieux commença :

« Es-tu au courant de ce qui s'est passé ? » Abou LaRouah :

« Mais pour l'amour du ciel que s'est-il passé ? » Saadani, d'un ton encore plus grave fit :

« Mon cher ami, tu te rappelles du prince ? » Abou LaRouah :

« Oui, on l'a vu ensemble ce matin. Il m'avait donné des habits, je lui dois un grand service, c'est un homme formidable. »

« Veux-tu que le prince reste mon ami, comme moi je le suis pour toi ? » Abou LaRouah sans hésiter lui dit :

« Mais bien sûr, tu as besoin d'un homme comme ça comme ami. » Saadani reprit calmement comme si rien ne pressait dans le monde et fit :

« Eh bien, le prince a été kidnappé par des bandits. » Abou LaRouah :

« Quoi, quels bandits ? Je connais tous les chefs des bandits. Aha ! Quelqu'un m'a certainement trahi, ces salauds, certainement pas les miens. »

A quoi Saadani rétorqua :

« Paraît-il qu'ils sont repartis à El Khenga. » Abou LaRouah sursauta :

« Quoi, à El Khenga ? Ils veulent attaquer ma base et mes hommes ! » Saadani qui ne voulait pas arrêter son discours, continua :

« Mais laisses-moi terminer ! Ce sont bien tes hommes. » Abou LaRouah :

« Comment le sais-tu que ce sont mes hommes ? » Saadani avec un calme exemplaire lui dit :

« Et qu'est-ce que tu crois, que l'armée du bey n'a pas ses informations ? » Puis il continua :

« Parait-il même, que les soldats avaient suivi tes hommes, mais ils n'osaient pas avancer à El Khenga, ils avaient préféré se replier. » A quoi Abou LaRouah fit un sourire et dit :

« Aha, ils ont eu certainement peur. » Abou LaRouah était fier de lui-même, puis il continua :

« Saadani tu entends ce que ça veut

dire, eh bien, ça me rassure de savoir que l'armée du bey n'ose pas rentrer dans mon domaine. Puis comme s'il réalisait qu'il avait abusé de la patience de Saadani, Abou LaRouah reprit encore la parole et dit :

« Je m'excuse mon frère, je ne voulais pas t'interrompre, mais tu comprends, un homme comme moi doit faire attention à sa base et à ses hommes. » Puis il ajouta :

« Vas-y, vas-y, j'écoute. » Saadani reprit :

« Eh bien, tu vas te débrouiller, mais je veux que ce soir-même le prince sera en liberté. » Abou LaRouah qui écoutait calmement et avec beaucoup de respect fit :

« Continue, je t'écoute. » Saadani était satisfait qu'il ait pu retenir enfin l'attention d'Abou LaRouah et il ajouta :

« Le plan est comme ceci : Nous allons partir tous les deux à El Khenga, mais toi tu vas parler avec tes hommes ;

ils doivent me ramener le prince. Ensuite, je prendrai ton cheval pour le prince et toi tu vas faire semblant de rester avec tes amis comme gage et je te trouverai un peu plus tard dans ta chambre au *fondouk* ; je vais dire au prince que j'ai laissé en gage le servant de mon frère en attendant que nous négocions la somme pour sa mise en liberté. Le prince se rappellera bien de toi. » Abou LaRouah tout ému d'entendre le plan de Saadani fit :

« Saadani, je te tire mon chapeau ! Mes hommes ont fait ce qu'il fallait faire et nous allons faire aussi ce qu'il nous appartient de faire. » Saadani qui ne voulait pas laisser une fausse impression, comme s'il était partenaire à cette entreprise, et pour mettre les choses au clair fit :

« Tout ce que je fais c'est pour ton intérêt, car si demain toi ou un de tes hommes lui arriverait un pépin, je pourrai intervenir auprès du prince qui alors me devra un service. »

Abou LaRouah écoutait Saadani avec beaucoup d'attention et d'admiration ; il répondit ainsi :

« Mon frère, tu as pensé à tout, mais moi je veux partager avec toi tout ce que tu arriveras à obtenir de la négociation. » Saadani rejeta l'offre avec vigueur et pour mettre les choses encore plus au point il prit la parole et dit :

« Je ne fais rien pour l'argent et tu le sais. » Abou LaRouah ne voulant pas contrarier Saadani fit :

« Je le sais, tu aurais pu me demander une somme considérable pour ma libération et tu ne l'as pas fait, au contraire tu m'as même prêté un cheval pour mon retour et je te dois encore la somme que tu as avancée pour mon cheval et tout service supplémentaire. Excuse-moi si j'ai poussé les choses un peu loin, mais tu le sais, c'est avec une bonne intention que je t'avais proposé de l'argent, j'espère que tu me crois. » Saadani aussi, ne voulant pas provoquer son ami, lui dit :

« Bien, nous sommes clairs sur les termes, donc nous pouvons aller ensemble voir le prince et le ramener le plus vite possible. » Les deux nouveaux amis prirent leurs chevaux et se mirent en route vers El Khenga, le lieu permanent des bandits (anciennement une mine de plomb abandonnée). Il faisait clair de lune, l'ombre des deux bonshommes se voyait de loin malgré l'obscurité du terrain. Abou LaRouah parlait à haute voix, il était chez lui dans cette place et Saadani lui, n'avait pas l'air de craindre qui que ce soit, alors qu'il était vraiment en danger si Abou LaRouah n'était pas avec lui.

Mais c'était le caractère de Saadani de ne jamais penser au mal, comme il me l'avait dit un jour :

« Le mal c'est notre pensée qui le provoque et l'attire vers nous ; le fait de l'ignorer, le paralyse ; par contre si nous pensons au bon nous créons un aimant qui l'attire vers nous. » C'est une des raisons pourquoi Saadani aimait aller seul à travers les champs et respirer de l'air pur, il purifiait ainsi ses poumons, ses pensées et son âme.

Les bandits qui étaient cachés dans les creux des mines pouvaient voir les deux cavaliers mais personne ne pouvait les voir, c'est pour cette raison que l'armée du bey n'aimait pas s'aventurer dans des places pareilles. Elle les considérait très dangereuses. Arrivés à la bonne cachette, un des bandits se mit sur leur chemin, puis il reconnut la voix d'Abou LaRouah. Celui-ci le salua et le pria d'avertir discrètement son adjoint et lui dire qu'il vienne à sa rencontre.

Dès que l'adjoint apparut, Abou LaRouah le félicita d'abord pour l'opération réussie qu'il venait d'accomplir, en prenant le prince en otage, puis il le pria d'apporter le prince avec les yeux bandés et de le remettre dans les mains de Saadani. L'adjoint connaissant la malice de son chef écouta calmement. Abou LaRouah expliqua la tactique à suivre, qu'il venait de convenir avec Saadani.

« Vous devez soi-disant me demander en otage en attendant de négocier le prix pour la liberté du prince et parlez assez fort de sorte que le prince entende ces propos. L'adjoint comprit la manœuvre de Saadani et repartit aussitôt. Après un moment il ramena le prince sur un cheval, les yeux bandés, les mains et les pieds attachés. Il le remit aussitôt à Saadani, puis à haute voix il dit à celui-ci:

« Donc je garderai ce bonhomme en gage, » se référant à Abou LaRouah. Le prince entendait le dialogue qui se tenait entre le bandit et Saadani, il ne disait pas un mot de peur que les bandits le punissent. Saadani demanda aussitôt que l'on détache entièrement le prince. Lorsqu'on lui ôta le bandeau des yeux, le prince pouvait à peine voir, mais il reconnut aussitôt la voix de Saadani et celle d'Abou LaRouah qu'il avait vus auparavant dans sa tente. Puis Saadani leva un peu le ton, afin d'attirer l'attention et de donner une valeur à son marchandage, il dit :

« Monsieur, je comprends bien que mettre en gage le servant de mon frère vous paraît faible, mais n'oubliez pas que je vous ai déjà donné la somme de cinq mille dinars en acompte, je ne vais quand-même pas risquer mon argent et le servant de mon frère, n'est-ce pas? » Pour montrer qu'il jouait bien le jeu, l'adjoint d'Abou LaRouah répondit à Saadani :

« Si vous me doublerez, vous risquez votre tête, vous avez compris. » Saadani avec un flegme lui répondit :

« Yezi Ohchem » (Allez-y, vous n'avez pas honte ?) Le prince qui suivait la conversation des deux côtés, admirait le sang froid de Saadani. Et pour renforcer la position de Saadani, l'adjoint, reprit la parole pour dire :

« Monsieur le prince, vous qui nous connaissez maintenant, vous garantissez que Saadani tiendra sa parole ? » Saadani tout furieux reprit :

« Vous êtes fou, vous me manquez de respect devant le prince, vous n'avez pas honte ? »

L'adjoint prit à nouveau la parole pour dire :

« Mais monsieur, c'est pour rigoler que j'ai demandé au prince sa parole. » Saadani reprit sèchement :

« On ne rigole pas avec moi, allez, excusez-vous auprès du prince ! » Le prince, en voyant que Saadani risquait de contrarier les bandits, intervint, en disant à l'oreille de Saadani :

« Mais je vous en prie, ne le confrontez pas, il peut nous garder les trois ici. » Après avoir écouté le prince, Saadani fit :

« Non, mon prince ! Je tiens à ce qu'il vous demande pardon, on ne joue pas avec votre Altesse beylicale. » En effet l'adjoint se dirigea vers le prince et fit :

« Mon prince, je dois vous demander pardon, car je ne voudrais pas que la malédiction de Saadani tombe sur moi. » Et il prit la main du prince et l'embrassa. Saadani tout content de lui-même ajouta :

« Tu as de la chance, j'allais presque te maudire dans mon cœur. » L'adjoint prit Abou LaRouah avec lui et disparut dans l'obscurité. Le prince se trouva enfin en liberté avec Saadani et la première parole qu'il dit fut :

« Mon cher Saadani, vous êtes un héros, vous m'avez sauvé des mains de ces bandits. » Saadani lui coupa la parole et lui dit :

« Mon prince, laissez les louanges pour plus tard, maintenant il faut disparaître le plus vite possible avant qu'ils ne changent d'avis. Ils sont capables de nous suivre et de nous prendre les deux prisonniers. » Le prince comprit que Saadani avait raison et fit :

« Allez-y je vous suis. » Les deux bonshommes arrivèrent aussitôt à Nefza et allèrent directement au *fondouk* dans la chambre de Saadani. Les deux essayèrent de trouver une solution rapide puis Saadani dit :

« Mon prince, les bandits sont partout et je ne voudrais pas devoir vous libérer une deuxième fois, donc il serait sage de vous trouver une tenue de Bédouin pour éviter qu'on ne vous reconnaisse. » Le prince écoutait Saadani avec beaucoup d'admiration et comme il n'avait jamais eu l'occasion de côtoyer qui que ce soit hors de ses troupes et l'entourage beylical, il trouvait Saadani simple et très intéressant, il trouvait même, qu'il avait un côté très gentil et naïf et qui reflétait une gentillesse et une honnêteté.

Le prince trouvait l'idée de se déguiser en Bédouin très amusante.

Quand il était jeune, au palais, tous ceux qui l'entouraient l'ennuyaient, il n'avait jamais eu d'ami dans son enfance. En attendant, Saadani sortit dehors et arrêta le premier Bédouin qui passait. Après un court marchandage, Saadani lui glissa cinq dinars et le Bédouin remit sa tenue extérieure et un grand foulard rouge imprimé de dessins couleur rouge, en échange. Saadani retourna dans la chambre et habilla le prince avec cette simple tenue. Les deux nouveaux amis se mirent en route vers Tbaba pour rencontrer le pauvre caïd que Saadani avait laissé le soir précédent dans une chambre du *fondouk*. Le prince ne savait rien de cela. En route, Saadani raconta au prince que c'était le caïd qui l'avait alerté, alors qu'il revenait de la caserne de Medjez el-Bab et tout fatigué qu'il était, il n'avait pas hésité à reprendre la route avec le caïd. Le prince, entendant que le caïd était avec Saadani, lui dit :

« Mais où est maintenant le caïd ? »

Saadani lui répondit :

« Eh bien, nous allons le rencontrer à Tbaba où je l'avait laissé, pour ne pas mettre sa vie en danger. » Le prince, enchanté des dires de Saadani, fit :

« Mais c'est très sage ce que vous venez de faire, non seulement fatigué du voyage vous avez risqué votre vie pour moi, mais encore vous avez pris les précautions de ne pas mettre le caïd de Béja dans une situation périlleuse. Je vous salue et je trouve que votre bravoure est au-delà de toute limite et que vous méritez d'être reconnu aussi par mon père. Je suis certain que vous allez être récompensé largement, à quoi Saadani l'interrompit :

« Mon prince, laissons les récompenses de côté, je dois d'abord vous laisser avec le caïd de Béja qui doit être dans sa chambre au *fondouk* et terminer la négociation pour votre libération. A quoi le prince fit :

« Mais moi je suis libre ! N'est-ce pas ? » Saadani d'un ton sérieux lui répondit :

« Mais vous avez oublié le servant de mon frère que j'avais laissé en gage à votre place avec les cinq mille dinars que j'avais payé en acompte avant la négociation ? Le prince était gêné de n'avoir pas pensé à ces détails et au contraire de n'avoir pensé qu'à lui-même ; il reprit la parole et dit :

« Je m'excuse, j'étais un peu bouleversé avec tout ce que j'avais passé ces dernières heures, et j'avais en effet oublié le pauvre malheureux, le servant de votre frère, et en plus, l'argent que vous avez avancé pour mon compte. »

« Mon prince, c'est moi qui devait s'excuser de ne pas vous accompagner d'abord chez vous, mais avec ces bandits on ne peut pas perdre le temps, ils sont capables à tout. » Le prince écoutant attentivement Saadani, lui dit :

« Mais surtout ne vous reprochez rien ; vous êtes un homme valeureux pour nous, vous avez fait plus que nous pouvions imaginer, et du reste, puisque vous devez continuer à négocier, je reste ici en tant que Bédouin, ainsi je ne risque plus d'être kidnappé et je vous payerai tout ce que vous avez avancé. » Le prince ne savait pas que Saadani s'était mis d'accord de rencontrer Abou LaRouah tard dans la soirée à Tbaba dans la chambre numéro cinq du *fondouk*. Juste avant de quitter le prince, Saadani demanda :

« Mon prince, quelle somme dois-je avancer comme base de négociation ? » Le prince, sans hésiter et sachant que Saadani avait déjà avancé cinq mille dinars en acompte, répondit d'un ton généreux et beylical:

« Commencez avec dix mille dinars et le cas échéant vous pourriez doubler ou tripler cette somme. » Saadani, qui n'aurait jamais avancé une telle somme, et pour laisser les choses prendre leur cours, dit :

« Merci, mon prince, de m'accorder votre confiance sur des

sommes pareilles, mais je sais que votre liberté en vaut plus que n'importe quelle somme. » Puis Saadani donna des consignes au prince de ne pas ouvrir la porte jusqu'à son retour. Saadani se dirigea vers la chambre où il avait laissé le caïd. À sa stupéfaction il trouva sur la porte de la chambre un papier écrit en arabe. Saadani qui ne savait pas lire l'arabe mit le papier dans sa poche et se dirigea vers le patron du *fondouk*. Celui-ci l'informa que le caïd avait des choses urgentes à faire et qu'il devait rentrer à Béja. Saadani sans perdre de temps alla à la chambre numéro cinq et appela Abou Salem, le mot de code d'Abou LaRouah. Celui-ci, connaissant la voix de Saadani répondit « Abou Zeen » le nom de code de Saadani et sans hésiter Abou LaRouah ouvrit la porte et laissa entrer son ami Saadani aussitôt dans la chambre ; puis Saadani fit :

« Mon cher Abou LaRouah je t'ai obtenu cinq mille dinars que par force, et je te conseille de les accepter car moi je ne veux plus négocier avec le prince, j'ai honte de devoir encore lui parler d'argent. » Abou LaRouah qui n'avait jamais rêvé d'une telle somme s'exclama et fit :

« Saadani, tu as osé demander une somme pareille ? Mon frère, tu es formidable, j'aimerais bien t'engager pour toutes nos négociations d'otages. Honnêtement j'avais souhaité que tu obtiennes cinq cent ou mille dinars au plus et tu me dis que tu as obtenu cinq mille ! Mon Dieu ! Ça c'est une somme formidable. » Saadani, qui reprend la parole, lui dit :

« Non, c'est une somme beylicale ! » Abou LaRouah continua sa proposition d'avant et lui dit :

« On partagera la somme ! » La répétition de cette proposition entraîna une riposte vigoureuse de la part de Saadani :

« Pas question ! Tu ne répéteras plus cette proposition ! Je te l'avais dit une fois et je te le redis encore une fois, mais pas plus ! Tu ne voudras pas que je me fâche ? Puis si tu veux rester mon ami… » A cela Abou LaRouah, qui n'en revenait pas de l'honnêteté de Saadani, lui coupa la parole et lui dit :

« Mon frère, tu as ma parole et tu le sais, je ne veux pas perdre un ami si valeureux et honnête que toi, et tu sais que tu as en moi le meilleur ami du monde. » Saadani ferma la porte derrière lui et alla dans la chambre du caïd et se reposa pendant un bon moment pour donner l'impression que les négociations avaient duré longtemps. Après qu'il s'était bien reposé, il se réveilla comme d'un rêve et alla vite à la chambre du prince. Lorsqu'il arriva devant la porte, il se demanda si le prince dormait et s'il fallait le réveiller. Saadani attendit un moment pour voir s'il n'entendait pas un bruit, puis il fit semblant de tousser. Le prince qui attendait impatiemment l'arrivée de Saadani avait aussitôt reconnu sa voix et fit :

« Saadani c'est vous ? » A quoi Saadani répondit avec une voix épuisé et rouillée et fit :

« Oui, mon prince, c'est bien moi. » La voix du prince semblait être gaie, et il fit :

« Entrez, je vous en prie, je vous attendais depuis un bon moment, mais je comprends que je n'ai rien à me plaindre, car c'est vous qui devez être fatigué et je vous plains et je vous félicite. » Saadani entra d'un pas lourd et vit les yeux du prince qui luisaient de joie. Saadani fit d'abord un soupir puis il dit :

« Mon prince, j'espère que les résultats que je viens d'obtenir vous satisferont, mais je veux que vous sachiez que de ma part je ne suis pas satisfait de ma performance et je serais prêt à céder ma tâche de négociateur, que du reste je n'ai pas cherchée, à des négociateurs professionnels, sachant que vous auriez pu vous permettre de trouver des négociateurs que vous auriez désirés. » En entendant ces paroles dures, le prince à son tour réagit d'une voix conciliatrice :

« Mais non ! Mais non ! Mon ami ! Personne ne pourra vous remplacer et dites-moi à quelle somme êtes-vous arrivé, mon cher Saadani ? » Saadani avait pris bien note que le prince lui avait dit mon ami, puis la mention de l'adjectif « mon cher ». Saadani répondit comme s'il se sentait avoir perdu quelque chose :

« Je suis arrivé à peine à la moitié, mon prince, et si vous trouverez cette somme élevée dites-le moi. » Le prince qui n'avait pas saisi à quelle moitié Saadani se référait lui dit :

« Je vous ai autorisé pour une somme totale de trois fois dix mille, donc trente mille et vous me dites que vous avez consommé la moitié, donc quinze mille, si j'ai bien compris, et bien, c'est une somme excellente. » Saadani prit vite la parole pour corriger le prince en lui disant :

« Non ! Non ! Pas comme ça, vous oubliez que j'avais avancé cinq mille dinars ! Le prince, comme pour se corriger lui fit :

« Je m'excuse donc, ajoutons les cinq mille au quinze mille et bien, c'est encore un résultat sans pareil, même vingt mille. » Saadani, qui vit que le prince ne lui donnait pas le temps de s'expliquer lui dit :

« Mon prince, ni la moitié de trente mille, ni la moitié de quinze mille, mais seulement cinq mille dinars et je trouve même cette somme exagérée, ils ne méritent pas une telle somme pour n'avoir pas fait un travail productif. » Le prince, tout heureux de voir pour la première fois un homme honnête devant lui et avec une voix douce, il lui dit :

« Mon cher Saadani, acceptez-vous d'être mon ami ? » Saadani tout surpris de cette avance et ne voyant aucun rapport avec la somme qu'il venait de mentionner haussa son chapeau comme pour se rafraîchir et répondit de crainte de n'avoir pas compris à quoi le prince se referait ; il répéta :

« Oui, mon prince, comme vous l'entendez, cinq mille dinars ! Alors que Saadani continuait, le prince l'interrompit d'une voix sèche ; il lui dit :

« Mon cher Saadani vous n'avez pas répondu à ma proposition sincère. » Saadani, qui n'avait jamais fréquenté ni un noble ni un homme intellectuel, se voyait soudain embrouillé avec un homme de la loi et d'une voix douce il dit au prince :

« Vous voulez avoir un homme si pauvre et si simple que moi comme ami ? Je n'ai même pas été dans une école, à part le *cotab* juif, l'école religieuse, et encore je ne sais même pas bien lire l'hébreu, la langue de mes aïeux. » Le prince observait et écoutait Saadani avec une grande admiration et avec un noble sourire, il lui dit :

« Mon cher Saadani c'est justement pour vos qualités que je souhaite vous avoir comme ami, c'est justement pour votre simplicité et votre honnêteté que je vous ai choisi. Vous savez que depuis que j'étais petit je n'avais jamais eu d'ami, car je cherchais d'abord l'honnêteté, le courage, et le bon cœur. Quant à vos études cela m'est bien égal, ce que je viens d'apprendre avec vous dépasse de loin ce que nous apprenons dans nos hautes écoles. Oui, mon cher Saadani, je vous demande encore une fois, voulez-vous être mon ami ? »

Saadani tout confus, ne savait pas quoi répondre, car tout le monde l'aimait, mais jamais jusqu'à présent personne ne lui avait demandé d'être son ami. Puis il tourna sa tête à droite, puis à gauche, comme s'il cherchait une réponse, puis il fit :

« Mon prince, vous oubliez que je suis marié avec la plus belle et plus sage fille du monde ! Que va-t-elle dire de cela ? Je pense que je devrais d'abord la consulter, car depuis que je l'avais choisie, mon père et mon frère m'ont déshérité et voilà des années que je ne les ai pas vus. »

Le prince encore plus en admiration devant ce phénomène d'homme qu'il n'avait jamais connu jusqu'à ce jour, continuait à sourire, tout heureux d'écouter Saadani. Voilà à peine une journée passée depuis son enlèvement, il remerciait Dieu de lui avoir créé ces circonstances qui lui avaient permis de connaître Saadani, aussi il était heureux que personne d'autre ne l'ait trouvé.

« Alors vous avez conclu à quinze mille mon cher Saadani, mais c'est merveilleux ! »

Saadani qui ne voulait pas lui dire rapidement la somme fit :

« Mon prince, comme je suis sûr qu'ils ne voudront pas rendre l'acompte de cinq mille dinars que je leur ai

avancé, je leur ai dit de le garder. »
Le prince reprit :

« Si je vous ai bien compris, vous avez conclu à vingt mille donc les quinze mille, la moitié de trois fois dix mille plus vos cinq mille, mais c'est très bien, vous n'avez pas atteint les trois fois dix mille dinars lesquels je vous ai autorisés. » Saadani d'un air confiant de lui-même lui répondit :

« Jamais de la vie je ne leur donnerais trente mille dinars. C'est de trop, je leur ai donné la moitié du premier chiffre de dix mille. » Le prince réagit par :

« Mais vous êtes un génie ! Saadani, donc vous aviez conclu avec… » Le prince ne voulait pas être le premier à sortir la somme de sa bouge, il préférait que Saadani dise le chiffre pour ne pas faire une erreur et Saadani qui avait saisi l'intention du prince fit :

« Oui, cinq mille dinars, mon prince ; je sais que ce n'est pas beaucoup pour votre liberté mais à mon avis c'est de trop pour eux. » Le prince était ému d'entendre le chiffre de cinq mille dinars et lui dit :

« Mon cher Saadani, mais vous défendez les intérêts beylicaux, vous méritez que l'on vous récompense. Je suggérerai à mon père que vous soyez nommé officier de la cour beylicale, avec un salaire mensuel, et que l'on mette à votre disposition une maison d'été à Hammam Lif ; en plus, vous auriez accès immédiat à toutes mes casernes et accès à la cour et aux palais du bey. »

Lorsque le prince avait terminé, Saadani qui était assez fatigué de la journée lui dit:

« Mon prince vous savez ce que j'aurais voulu ? »

« Allez-y je vous l'accorde dites-le, » fit le prince, tout fier de lui-même. Saadani les yeux presque fermés lui répondit :

« Je voudrais être dans mon lit

avec ma femme Rachelle dans mes bras. » Le prince écoutait le souhait de Saadani avec plaisir. Il lui dit :

« Je sais que vous aviez pris sur vous d'accomplir un devoir, mais je vous assure que vous seriez plus que récompensé. Mon père appréciera votre bravoure et votre esprit de sacrifice pour sauver son fils. » Puis le prince, pour ne pas perdre la parole continua :

« Donc nous pouvons rentrer à Medjez el-Bab ? » Saadani n'avait pas l'envie de traverser dans la nuit ces chemins sinueux. Il préférait aller vers Béja où les chemins lui étaient plus familiers et les risques étaient réduits, puis après tout, c'était sa ville, quitte à faire le chemin de là jusqu'à Medjez el-Bab en plein jour, ce qui le dérangerait peu ; il dit :

« Mon prince, nous devons d'abord voir qu'est-ce qu'il en est devenu du caïd que j'avais laissé ici dans ce *fondouk*. » Le prince, en entendant le nom du caïd, fit :

« Excusez-moi, vous avez entièrement raison, je m'excuse, en effet, qu'est-ce qu'il en est devenu du caïd ? » Saadani d'une voix calme lui dit :

« Dieu sait, il m'avait laissé un message chez le propriétaire du *fondouk* comme quoi il avait une obligation de rentrer à Béja pour recevoir les nouvelles du prince, je ne sais rien de plus. » Saadani qui allait presque faire une erreur concernant le message écrit qu'il avait mis dans sa poche parce qu'il ne savait pas le lire, craignait que le message du caïd pouvait être compromettant. Le prince sans hésitation lui dit :

« Bien nous rentrons d'abord à Béja, ensuite nous verrons quoi faire. » Saadani avait l'air d'être plus rassuré, puis il essayait de penser à ce que Rachelle aurait dit de la proposition du prince, d'être son ami. Saadani était aussi méfiant de toutes les autorités, il n'aimait pas trop les obligations qui l'éloignaient de Rachelle, mais il craignait aussi que le prince ne prenne mal que Saadani n'avait pas donné son consentement aussitôt que celui-ci l'avait demandé. Il se rendait compte que d'autres personnes auraient sauté sur l'affaire pour être l'ami du prince. Mais Saadani n'est pas la personne qui cherche les honneurs ou les relations de haut niveau. Il voyait cette amitié comme un fardeau plutôt qu'un avantage. De l'autre côté il trouvait que le prince lui faisait pitié de n'avoir pas eu d'ami depuis qu'il était jeune. Le coeur doux de Saadani semblait fondre devant une telle demande. Il se demandait s'il avait le droit de refuser une telle amitié. Par contre Rachelle a toujours été sa meilleure amie et il ne pouvait pas lui enlever le droit de voir son mari et son meilleur ami libre de toute obligation. Tout en pensant à ce problème il trouvait que la fatigue ne le laissait pas voir clair et qu'il suffirait d'une bonne nuit de sommeil pour que sa tête devienne plus transparente. Tout en regardant le prince qui depuis qu'il avait proposé son amitié n'avait pas dit un seul mot à ce sujet, Saadani devenait plus triste. Cette situation le rendait malade et elle devenait insupportable et soudain comme une clarté qui avait jailli en lui il voyait que cette amitié ne devait pas entraîner des engagements de sa part mais plutôt de la part du prince et il avait senti le devoir de répondre ainsi :

« Mon prince, peut-t-on refuser d'accorder une amitié à celui qui la demande ? »

Puis comme pour s'excuser il jeta un regard doux de ses yeux bleus, se tourna vers le prince et dit:

« Mais je vous ai déjà dit que je suis un simple et pauvre petit commerçant et que par chance je me trouvais connaître des gens de bonnes familles et dont certains d'entre eux n'avaient pas de métier et tombaient dans les pièges que les bandits leurs tendaient et à mon avis c'est à nous que la responsabilité incombe de les aider à sortir de ces pièges. » Le prince écoutait Saadani avec beaucoup de tendresse et de compréhension, car lui aussi avait pensé aux problèmes des jeunes que l'éducation ne les avait pas encore atteint, et il fit :

« Mon cher ami, ce que vous disiez est vrai ! Vous savez que je n'ai pas discuté de ce problème, même pas avec mon père le bey ! » Saadani, qui l'écoutait aussi avec beaucoup d'attention, eut l'idée de dire ceci :

« Mon cher ami le prince, maintenant je comprends votre soif d'avoir un ami simple et pauvre comme moi, puisque vous me dites que même avec votre cher papa, vous ne pouvez pas aborder ce sujet, évidemment votre père, que Dieu protège Sidna El Bey, n'est pas fautif, il est peut-être entouré de conseillers qui ne voient que l'argent. Après tout, notre bey a des comptes à rendre au Sultan. » Le prince écoutait Saadani patiemment, il n'avait jamais entendu ce genre de langage. Il était très content de ces circonstances qui lui ont fait connaître Saadani et il lui dit :

« Si j'ai bien compris de vos dires, vous acceptez donc d'être mon ami. » Saadani lui fit calmement :

« Oui, mon prince, vous avez bien compris, mais si je me permets comme entre amis de demander une petite faveur. » Le prince qui n'attendait que de lui rendre service, lui dit :

« Demandez et je vous l'accorde à l'avance. » Saadani profita de cet accord et s'adressa au prince pour la première fois en tant que :

« Mon ami et mon prince, puis-je vous demander que notre amitié reste entre vous et moi, et que personne n'en prenne connaissance ? » Le prince qui s'attendait à quelque chose de plus grave, lui répond d'un ton aimable :

« Absolument. » Puis pour être plus généreux il fit :

« Autre chose vous pèse au cœur mon cher ami ? » Saadani qui n'avait pas terminé ses demandes fit :

« Votre père avait envoyé un cavalier à chaque caïd de plusieurs villes pour les alerter de votre enlèvement. » A cela le prince fit un sourire et dit :

« Aha ! Je comprends que le caïd de Béja vous avait dit certainement cela. » Saadani qui avait horreur de rapporter ce que le caïd lui avait dit, fit :

« Ah non! Je ne me souviens pas qui me l'avait dit, mais je sais que le caïd de Béja voulait absolument que nous soyons les premiers à trouver le prince. » Le prince continuait à rire en disant :

« Pas mal ! Pas mal ! Mon cher Saadani, je vous fais confiance de ma vie puisque vous venez de me la sauver, ai-je besoin d'autre preuve ? » Saadani qui l'écoutait patiemment fit :

« Que Dieu vous protège et me protège des mauvaises langues. » Le prince saisit ce que Saadani venait de dire et fit :

« Oui je sais à quoi vous vous référez, j'avais été témoin de ce genre de langage lorsque je vivais encore au palais de mon père, et j'avais horreur de ça. » Saadani qui ne voulait pas rentrer dans ce genre de discussion, lui dit alors :

« Puisque nous nous comprenons, avançons vers Béja où le caïd doit certainement nous attendre. » Il se faisait très tôt dans la matinée et les lueurs du jour reposaient déjà sur les collines de cette merveilleuse ville que l'on voyait de loin. Les routes étaient encore obscures mais Saadani et son cheval avançaient bien comme de bons compagnons. Saadani qui ne voulait pas prendre aucun risque dit au prince :

« Vous allez devant moi et je vais attacher la queue de votre cheval avec les guides de mon cheval et je resterai derrière vous. Il ne faut pas que vous échappez de mes yeux. » Saadani qui d'habitude aimait bavarder était silencieux, on n'entendait que les trots des chevaux. Le prince aussi ne disait plus rien pour ne pas se faire entendre. Lorsqu'ils atteignirent les premières maisons, il faisait déjà jour. Le soleil n'était encore pas levé mais l'on pouvait bien distinguer les silhouettes des passants qui venaient en sens inverse. Ensuite Saadani fit un arrêt et descendit de son cheval pour détacher la queue du cheval du prince. Ensuite il fit :

« Mon prince, vous voyez quelle belle place que nous avons, ça c'est Bab Boutefaha. » Puis il se dirigea vers le puits principal et lui dit d'un ton bas :

« Si vous vous voulez boire de notre eau, elle vient directement de la neige des montagnes avoisinantes. Elle a un goût si pur, comme une eau divine, regardez, elle est claire comme l'air qui nous entoure, elle est rafraîchissante et douce. » Le prince écoutait Saadani et se réjouissait de l'amour qu'il avait pour sa ville et ses produits puis il fit :

« Quelle belle description vous venez de faire et encore après ce long et fatigant voyage votre eau me semble être merveilleuse ; même si je n'avais pas soif, l'envie de goûter de cette eau me chatouille la gorge et je me ferais certainement le plaisir d'apaiser ma soif. » Saadani avait déjà tiré du puits un seau d'eau et tendit son gobelet à son nouvel ami. Le prince se désaltéra à volonté et comme il avait les habits du Bédouin il n'osa pas se rincer le visage de crainte que quelqu'un l'observerait et le reconnaîtrait. Saadani non plus n'avait pas enlevé sa *kachta* de sa tête car tout le monde le connaissait et il ne voulait pas entrer dans aucune discussion. Apres qu'il s'était désaltéré, il remonta sur son cheval et se dirigea vers la maison du caïd. Celle-ci était plus à l'intérieur de la ville. Les rues étaient encore vides, de temps à autre un passant les croisait en saluant.

Saadani continuait son chemin comme si rien n'y était, le prince qui n'avait jamais été à cheval comme Bédouin et encore de si bon matin, avait l'air d'être en forme et toute cette aventure l'amusait. Lorsque Saadani l'avait introduit à la place Bab Boutefaha avec beaucoup d'enthousiasme, il était heureux comme un enfant de pouvoir montrer sa ville à un une personne aussi noble. Le prince observa Saadani avec beaucoup d'admiration ; en effet la place lui disait très peu, c'est surtout l'innocence de Saadani qui l'amusait et l'attirait vers lui. Les deux nouveaux amis tout en avançant doucement, se trouvèrent devant le grand portail de la maison du caïd. Saadani frappa à la porte et un *spahi* sortit de la petite porte qui était au milieu du grand portail. Il était vêtu de sa tenue officielle, il les salua et demanda la raison de leur visite. Saadani qui avait horreur des uniformes lui dit d'un ton un peu pressé :

« Dites au caïd que Saadani veut le voir d'urgence. » Le *spahi* disparu de la même façon qu'il était venu en prenant soin de fermer doucement derrière lui la porte. Saadani était gêné de voir le *spahi* fermer la porte devant leur nez autant plus qu'il avait le prince avec lui et d'un ton ennuyé il fit :

« Mon prince, voilà les manières de l'armée beylicale, vous vous rendez compte qu'un homme avec un peu de tenue nous ferme la porte au nez ? »
Le prince qui connaissait bien les habitudes officielles depuis qu'il était jeune, regarda Saadani avec un sourire mélancolique et lui dit :

« Oui, je comprends bien ce que vous dites, mais imaginez combien de fois j'avais vu ce genre de salut et une telle attitude durant des années. »
A quoi Saadani réagit comme pour ne pas perdre un point à placer et fit :

« Vous voyez pourquoi j'avais hésité de répondre à votre aimable invitation d'être votre ami, car c'était ce genre de personne que je pensais que vous étiez. »

Juste en ce moment-là, le *spahi* retourna, ouvrit la petite porte et fit :

« Le caïd voudrait savoir si vous avez eu des nouvelles du prince » à quoi Saadani répondit :

« Nous avons tous les deux des nouvelles très importantes à communiquer à lui seul et en personne. » En entendant la réponse de Saadani le *spahi* fit une grimace et retourna d'où il était venu, mais juste lorsqu'il voulait fermer la porte derrière lui Saadani mit son gros pied et lui dit :

« Oh non, pas deux fois vous allez me fermer la porte au nez ! » Et il lui fit aussi une grimace. Cette fois-ci le *spahi* était revenu très rapidement avec le caïd derrière lui. Le caïd qui vit Saadani avait fait un signe au *spahi* de disposer et demanda à Saadani et au Bédouin qu'ils le suivent. Saadani dit au caïd à l'oreille qu'il préférait que le caïd les dirige dans une chambre secrète car il avait quelque chose de très confidentiel à lui rapporter. Le caïd comprit et conduisit ces deux hommes dans une salle intérieure qui n'avait pas de fenêtres et la seule porte était tellement épaisse que l'on ne pouvait pas entendre à travers ce gros bois, même pas un cri d'un enfant. Saadani s'était senti rassuré et après que le caïd et le prince étaient rentrés il ferma la porte derrière lui et pour en être sûr que personne ne pouvait les surprendre il tourna la clef dans la serrure. Le caïd attendait que Saadani lui confie le secret qu'il avait annoncé, mais il s'abstint de demander quoi que ce soit. Le silence régnait dans cette chambre obscure et froide. Saadani prit soudain la parole et fit :

« Monsieur le caïd, vous comprenez maintenant la raison pour laquelle j'avais insisté à ne voir personne avec nous, car j'ai emmené le prince avec moi. » Le caïd avait déjà du mal à comprendre

Saadani et après avoir regardé de droite et de gauche il fit :

« Mais pour l'amour du ciel où vous l'avez emmené, dans votre poche ? » Saadani qui le regarda d'un air étonné lui dit :

« Monsieur le caïd mais vous ne voyez pas le prince ? » Le caïd tout ému et croyant à une blague, regarda Saadani d'un air méchant et lui dit :

« On ne blague pas ici, et si vous continuez ce jeux je vous mets en prison. » A quoi le prince surgit spontanément et lui dit :

« Non, Monsieur le caïd, personne ne mettra Saadani en prison, il est le héros beylical et vous ne me reconnaissez pas ? » Le caïd qui avait reconnu la voix du prince était tout confus et ne savait pas d'où la voix venait. Il regardait Saadani puis il regardait le Bédouin et fit :

« Mon prince, je reconnais votre voix mais où êtes-vous ? »

Le prince voyant que le caïd ne le

voyait pas leva la main et dit :

« Et ce Bédouin vous le reconnaissez ? » Puis il continua :

« Et mes yeux vous ne les reconnaissez pas non plus ? » Le caïd ne savait plus où se cacher et fit :

« Mon prince, vous êtes le Bédouin ? » Puis il se tourna vers Saadani et fit :

« Vous avez osé déguiser ainsi le prince en Bédouin ? » Saadani qui ne craignait pas le caïd, même avant, lui dit :

« Mon caïd, nous n'avons pas de temps à perdre, donnez les instructions nécessaires au chef des *spahis* et aux autres que l'on prépare les chevaux pour deux carrosses et une calèche, et une dizaine de *spahis* à cheval pour nous accompagner à Medjez el-Bab. » Le caïd qui comprit que Saadani avait l'autorité du prince pour avoir donné de telles instructions, répondit ainsi :

« Oui, mon cher Saadani, tout sera fait comme vous l'avez demandé. »

Puis il sortit de la salle en disant :

« Attendez ici, je viendrai vous prendre aussitôt que tout sera prêt. »

Le prince avait suivi toutes ces conversations et dès que le caïd était sorti de la salle, il dit :

« Mais Saadani vous êtes un homme d'organisation, mon père serait fier de vous s'il avait été présent. Vous qui êtes un homme simple et pauvre comme vous me l'avez déjà dit, d'où prenez-vous ces talents ? » Saadani répondit tout simplement :

« C'est le bon sens, mon ami ! C'est le bon sens, mon ami ! » Le prince sourit et fit :

« Mais vous paraissez être le seul à l'avoir, mon cher ami, avez-vous essayé d'avoir une position dans notre administration ? » Saadani sauta de sa place comme avec un choc et son visage rougissait, comme un enfant, il ne savait pas où se cacher de honte, puis il murmura et dit :

« Ah ! Si Rachelle pouvait vous

entendre, mon prince. Elle qui est intelligente et bien éduquée, elle sera peut-être fière de moi. » Puis il fit un regard furtif au prince et dit :

« Moi, mon prince, une position administrative, avec ma simplicité et sans le savoir des écritures ? » Puis il ne faisait que répéter :

« Moi Saadani dans une position administrative ? » Il n'en revenait pas comment qu'un prince beylical avec une haute éducation puisse faire une telle proposition. De honte il ne savait pas où se mettre. Puis comme pour savoir si la proposition du prince était sincère, il lui dit :

« Admettons que j'accepte une position administrative au service du bey, quelle position serait à ma humble hauteur ? Gardien de nuit ? Ou gardien du harem ? Sinon je ne vois pas quelle position j'aurais pu assumer ? » Le prince qui souriait toujours de voir Saadani dans un tel état fit :

« Mon cher ami, je ne rigole pas

du tout ; si cela dépendait de moi, je vous nommerais le général des armées du bey. » Saadani était époustouflé lorsqu'il entendit le mot « général » et fit :

« Général ! Général ! Des armées du bey ? Et quoi encore, peut-être les armées du sultan aussi ? » Saadani ne faisait que balancer sa tête et faisait le va-et-vient dans la salle, et pour en finir il dit :

« Je vous prie d'arrêter ce sujet avant que le caïd ne rentre et nous ne surprenne dans cet état. » Le prince qui croyait vraiment à ce qu'il disait reprit la parole d'un ton plus sérieux et lui dit :

« Eh bien je vais vous prouver qui vous êtes ! » A quoi Saadani lui dit :

« Pour l'amour du ciel, je ne veux pas être ce que vous voudriez que je devienne, je veux rester Saadani le Béjaois, le libre bonhomme qui flâne sur les plaines et les vallées de ma chère ville Béja, et vous restez le prince beylical et peut-être plus tard le bey. Mais moi je reste le Saadani Sa'adoun, qui n'a aucun compte à rendre à personne. J'ai mon Béja, la ville du blé et de l'orge, des bœufs et des moutons, des poulets et des œufs, des légumes et des féculents, des fruits et des melons et encore nous avons de l'air pur et nos champs sont verts. Vous voyez, je n'ai pas besoin d'avoir le titre ni d'un caïd ni d'un général. » A entendre ces belles paroles le prince trouvait Saadani encore plus intéressant. Il dégageait une innocence pure qui renforçait sa décision de l'avoir choisi comme ami. Il prit la parole et lui dit :

« Mon cher ami je m'excuse, et je vous comprends, dans le fond j'aimerais être comme vous, libre de tous ces engagements et responsabilités, dans le fond c'est vous qui jouissez de la vie, mais quoi faire, mon destin a voulu que je sois né prince. C'est pourquoi je vous ai choisi, je voudrais avoir l'opportunité de vivre un peu votre vie et je vous donne à cette même occasion la possibilité de goûter à nos richesses matérielles. » Saadani presque les larmes aux yeux lui dit :

« Combien je vous plains ! Vous comprenez maintenant pourquoi j'avais hésité de vous accorder mon amitié, c'est justement à cause des titres et des responsabilités qui m'éloignaient de vous. Je veux bien vous laisser goûter à ma façon de vivre, mais honnêtement je ne suis pas anxieux de goûter à la vôtre. » Juste au moment où Saadani avait fini de dire ces paroles, le caïd en personne rentra dans la salle et fit :

« Mon prince tout est prêt. » Saadani intervint et fit :

« Les carrosses et la calèche sont prêts ? Les *spahis* sont prêts ? » Le caïd avait compris que Saadani posait ces questions pour montrer au caïd qu'il était lui en charge. Lorsque tout le monde était prêt, Saadani dit au prince :

« Mon prince, montez sur votre

cheval et suivez-moi ; et vous monsieur le caïd vous allez être en tête de la caravane dans le premier carrosse et vous allez prendre le chemin officiel qui mène à Medjez el-Bab. » Puis il fit une pause et continua :

« Le prince et moi allons prendre un chemin invisible qui traverse les plaines et les champs. » Le prince en entendant l'itinéraire de Saadani, crut que celui-ci répondait à ses aspirations de goûter à la vie de Saadani et il lui lança un regard furtif, puis il fit :

« C'est gentil de votre part de me faire passer par les plaines et les champs que vous aimez tant. » Saadani réagit avec ces mots :

« Mais ce n'est pas la raison, mon prince ! C'est votre sécurité qui compte d'abord. Les bandits peuvent attaquer une caravane mais ils ne pourront jamais surveiller les champs et les plaines, il leur faudrait des milliers de bandits. » Le prince se vit à nouveau surpris par l'esprit simple de Saadani, qui du point de vue stratégique méritait une attention, même des généraux de son père. Il regardait à nouveau Saadani avec beaucoup d'admiration, puis tout en s'engageant vers les champs, il lui dit :

« Je suis heureux de vous avoir choisi comme ami, vous me surprenez agréablement, au fur et à mesure que je vous vois en action. Vous êtes un homme d'action et il me semble que ce serait dommage de ne pas signaler vos qualités à mon père. » Saadani à nouveau intervint en disant :

« Je vous en prie, laissons mes qualités comme vous le dites pour vous et restons de bons amis. » Puis une fois que les deux amis étaient loin de tous les autres Saadani reprit la parole et fit :

« Mon prince, en attendant que nous arrivions à votre caserne, vous aurez tout le temps de jouir de mes plaines et mes champs et vous allez comprendre pourquoi j'aime ma façon de vivre, et vous allez sentir l'air pur de la liberté. »

« Je vois, je vois ! » fit le prince qui commençait à saisir à quoi Saadani se référait, puis il continua :

« Je vous remercie de m'avoir fait goûter à votre savoir vivre. En effet la liberté vous appartient, vous avez tout le temps de vivre à travers les champs et nous nous enfermons dans nos palais aux yeux de tous nos soldats, comme des lions dans des cages. » Saadani qui n'aimait pas toucher à la politique et surtout pas au bey et ses palais intervint :

« Loin de là de dire de telles choses, encore moins de vous comparer à des lions enfermés dans des cages, le bey et vous-même vous avez le privilège de sortir quand vous le désirez, alors que les lions une fois pris dans une cage n'ont plus de pouvoir de décider de leur sort. » Le prince comprit que Saadani voulait se protéger en disant ces choses, comme tout Tunisien qui se respecte et ne se mêlerait jamais de la politique et dans les affaires des autorités. La caravane du caïd avait disparu à l'horizon, les chevaux de Saadani et du prince avançaient d'un pas rapide comme s'ils se plaisaient à traverser les champs. De temps à autre Saadani faisait un détour pour montrer au prince ses places préférées. Puis encore un détour, cette fois-ci il contourna une petite colline pour atteindre un grand puits. Ils descendirent à pied en laissant les chevaux attachés aux arbres. Les deux amis marchèrent jusqu'au puits et soudain Saadani dit au prince :

« Vous avez une telle eau dans le palais ? » Puis il fit un sourire et se pencha pour voir l'eau. Le prince qui observait Saadani fit la même chose. Saadani tout fier de lui-même fit :

« Mon prince, si vous pouvez voir votre visage à la surface cela veut dire que l'eau est propre. » Le prince écoutait Saadani et s'émerveillait de découvrir des secrets de la vie qu'il n'aurait jamais su s'il n'avait pas connu Saadani.

Avec ces détours, Saadani et le prince ne se rendaient pas compte du temps qui passait. Au bout d'un moment, la caravane du caïd avait fait plus que la moitié du chemin. Il restait encore une bonne heure pour atteindre la caserne. Les deux chevaux de Saadani et du prince avaient atteint l'entrée de la caserne. Les gardes ne semblaient pas les reconnaître. Par contre l'un des gardes connaissait Saadani de ses visites au palais du bey. Saadani le salua et continua son chemin vers l'intérieur du camp en espérant retrouver les tentes du prince. Mais à sa surprise et à la surprise du prince les tentes avaient été remplacées par de nouvelles tentes. Le prince reconnu que ces tentes étaient les tentes de son père, donc il était sûr que le bey y était présent et qu'il devait s'inquiéter pour son fils. Lorsqu'ils arrivèrent à la tente où les soldats du bey montaient la garde à la place des soldats du prince, le capitaine en charge demanda à Saadani la raison de sa visite et Saadani tout sûr de lui-même lui répondit :

« Monsieur le capitaine je viens apporter des bonnes nouvelles au bey. » Le capitaine demanda la raison pourquoi il avait ce Bédouin avec lui et Saadani répondit :

« C'est justement ce Bédouin qui a la nouvelle et il ne veut parler qu'au bey lui-même. » Le capitaine disparut pour réapparaître après un moment et fit :

« Suivez-moi le bey n'a pas beaucoup de temps mais puisque vous apportez comme vous le dites, de bonnes nouvelles, il vous accorde quelques minutes, car vous savez que le temps est précieux et que nous devons trouver le prince. Cela fait deux jours que nous n'avons pas de ses nouvelles. » Saadani le rassura qu'il n'avait pas l'intention de gaspiller le temps précieux du bey et qu'il quitterait immédiatement aussitôt que celui-ci le demandera. » Le capitaine avança le premier et les deux bonshommes le suivirent. Les tentes étaient complètement aménagées avec des meubles italiens et des tapis d'Orient. Dans la tente où se trouvait le bey, on pouvait constater une nerveuse activité. De loin on pouvait apercevoir les deux *spahis* qui étaient postés à l'entrée de la tente. Ceux-ci semblaient contrôler le flot des visiteurs qui venaient apporter des nouvelles au bey. Saadani se pencha vers le prince et lui dit :

« Vous voyez combien de personnes apportent soi-disant des nouvelles à votre père, ils n'ont rien comme nouvelles, mais c'est pour se faire montrer qu'ils se souciaient soi-disant de votre sort. » Le prince avait l'envie de se dévoiler et de les jeter tous dehors mais Saadani ne l'avait pas laissé :

« Au contraire, votre père se rendra compte qui sont les vrais amis, » fit Saadani. Le prince écoutait avec plaisir ce que Saadani disait. Puis comme pour dire qu'il était d'accord avec lui, il fit :

« Vous comprenez maintenant à quoi je me référais, en demandant votre amitié. »

« A qui vous le dites, » répliqua Saadani avec un soupire. Puis il ajouta :

« Je préfère nos Bédouins à ces nobles bonshommes. » Juste lorsqu'il termina ces paroles, l'officier en charge les pria d'entrer. Saadani laissa d'abord le prince entrer le premier, puis il le suivit et lui dit :

« Dès que vous vous trouverez devant votre père, vous attendez mon signal. » En effet dès que les deux étaient devant le bey Saadani fit :

« Votre Majesté, le monsieur qui est avec moi ne désire pas vous parler en présence de toutes ces personnes. » Le bey sans dire un mot fit signe à son commandant de camp qui était près de lui de s'en aller. La salle se vida et le bey fit :

« Monsieur si ces nouvelles ne sont pas dignes de ma compréhension je vous mettrait aussitôt en prison. » A ces mots le prince fit :

« Je ne crois pas mon père, que vous mettrez ce Bédouin en prison, à mon avis vous devez mettre en prison tous ces charlatans qui viennent de passer avant nous et qui vous ont privé de me voir plus tôt. » Le bey reconnu la voix du prince et fit :

« Mais c'est vous, mon fils ! » Le prince avait entièrement oublié qu'il était déguisé en Bédouin et fit :

« Mais Papa, c'est moi votre fils. » Puis il enleva le foulard qui couvrait la moitié de son visage. A la vue de son fils les yeux du bey se remplirent de larmes, puis il fit :

« C'est vous Saadani, qui avez sauvé mon fils ? Vous savez ce que vous venez de faire ? » Saadani qui allait lui aussi pleurer fit :

« Mon bey ! J'ai fait ce que vous attendez de votre citoyen de faire. Je n'ai rien fait qui est hors de l'ordinaire. » Le bey qui entendait ces dires lui dit :

« Quelle modestie, vous êtes un héros Saadani! » Saadani qui ne comprenait pas le mot modestie fit :

« Mon bey, je ne suis pas modeste mais vraiment pauvre et je ne vous demande rien. Je veux me décharger de cette tâche le plus tôt possible et retourner chez ma femme qui doit être très inquiète, surtout qu'elle ne m'a plus vu depuis hier. » Le bey qui voulait être aimable avec Saadani lui dit :

« Ne vous inquiétez pas, je donnerai les instructions que l'on cherche votre femme avec ma calèche rapide. » A cela Saadani fut très alarmé car il craignait que même la calèche bèylicale puisse effrayer Rachelle, et il fit :

« Non ! Je vous en prie ce n'est pas nécessaire de déranger vos hommes, mon cheval est assez rapide et je pourrais arriver encore avant le souper, elle doit sûrement m'attendre. » Puis il ajouta:

« Si vous désirez faire sa connaissance on trouvera une occasion agréable pour cela. »

Le bey intervint et dit :

« Monsieur Saadani, y a-t-il une meilleure occasion que celle-ci? Je pense et je l'espère qu'il n'y aura plus une semblable occasion. Je suis très reconnaissant de savoir que mon fils est en vie et encore grâce à vous. En attendant je vais avoir une conversation intime avec mon fils, je vous permets d'aller à cheval à Béja et je ferais suivre mon carrosse le lendemain pour vous chercher et nous nous rencontrerons à mon palais du Bardo demain soir. Mais je vous prie avant de partir de me promettre de garder cette affaire confidentielle pendant trois générations et seul le premier garçon de la troisième génération sera autorisé de divulguer cette affaire. » Saadani qui de nature n'aimait pas tout ce qui sentait autorité fit :

« Mon bey, comment peut-on garder une telle affaire confidentielle alors que parait-il que vous aviez envoyé des messagers à tous les caïds de la région ? » Le bey continuait à rire car il était content que le caïd de Béja se fût empressé à être le premier à trouver le prince. » Saadani voyant que le bey et le prince riaient, s'était mis à rire lui aussi, puis il dit :

« Votre Majesté beylicale, de ma part, rien ne sortira de ma bouche, si le caïd saura aussi garder le silence, puis d'ici trois générations moi je ne serai plus en vie. » A peine qu'il finissait de parler, le capitaine de la tente entra et souffla quelque chose à l'oreille du bey. Le bey se leva de son fauteuil et fit :

« Bien, comme nous sommes clairs maintenant, on vient de m'annoncer que le caïd de Béja vient d'arriver. Et je pense que lui aussi voudra me donner des nouvelles du prince. » Saadani et le prince s'étaient retirés par la sortie arrière à la demande du prince qui voulait entendre en étant derrière les rideaux de la tente ce que le caïd dira à son père. Puis il s'était mis derrière la tente dans une position agréable sans toutefois être vu.

Saadani avait pris congé du prince et s'était retiré pour aller à Béja. Lui qui aimait flâner à travers les champs se trouvait maintenant coincé avec cette histoire et se mit à galoper afin de voir Rachelle le plus vite possible et afin qu'ils puissent se reposer jusqu'au lendemain. Le carrosse du bey arrivera le lendemain tôt dans l'après-midi pour les emmener au palais beylical du Bardo. Le soleil était encore loin de l'horizon lorsque Saadani arriva à Béja, il avait espéré que les cavaliers du bey qui accompagnent le carrosse au Bardo n'arriveraient pas si vite de sorte qu'il ait assez de temps pour faire une grasse matinée.

Il voulait expliquer calmement à Rachelle tout ce qui s'était passé depuis qu'il avait quitté sa maison. Après tout, sa femme était la seule personne qui était restée sans nouvelles. Le chemin de Medjez el-Bab semblait plus court que jamais tant il avait hâte d'arriver à la maison. Son cheval entra directement par la porte du cocher, tant il transpirait. Saadani qui aimait son cheval, mit un seau plein d'eau devant lui. Puis il entra par la petite porte à sa maison. Rachelle ne se trouvait pas là ; le temps pressait et Saadani ne savait pas où se diriger. Comme il était de nature calme, il s'était assis sur son canapé en attendant que Rachelle rentre à la maison.

Un peu plus tard il sortit pour voir si quelqu'un était dans la rue. Il rencontra la voisine qui lui dit que

Rachelle était allée chez sa jeune fille. Saadani tout calmement s'était changé d'habits et alla doucement chez sa fille qui habitait aussi le quartier. Il trouva Rachelle en robe de chambre, elle s'apprêtait à dormir chez sa fille car elle ne voulait pas rester seule à la maison. Dès que Rachelle avait vu Saadani, elle lui sauta au cou ; elle était très contente de le revoir en bonne santé et il avait l'air d'être bien à l'aise. Les deux prirent congé de leur famille et prirent le chemin de la maison.

En route Saadani expliqua à Rachelle toute l'histoire. Rachelle était heureuse qu'il était de retour, tout le reste ne l'intéressait pas, mais il lui annonça que le lendemain le carrosse du bey viendra pour les chercher et pour les emmener au Bardo. Rachelle malgré son dédain pour les autorités était très contente. Le matin elle se leva tôt en laissant Saadani dormir un peu plus ; elle sortit ses beaux habits et elle mit sa meilleure chemisette bouffante, sa belle *fouta* et sa *taqrita* (un genre de jupe et son foulard). Rachelle était belle mais depuis le mariage elle ne se maquillait pas car elle était de nature blanche et plaisait tout le temps à Saadani. Le soleil atteignit le milieu du ciel lorsque Saadani se leva. Rachelle était presque prête et avant de se mettre tous deux en route, elle dit à Saadani :

« Cette fois-ci tu vas demander de l'argent, n'est-ce pas ? » Saadani qui avait reçu toute une conférence d'abord du prince, puis par le bey, souriait comme d'habitude. Mais Rachelle ne souriait pas, elle lui dit :

« Non, ça va comme ça, puisque nous serons ce soir chez le bey, c'est moi qui va parler et je vais demander une somme pour les deux jours et peut-être même un cadeau en récompense pour ces deux jours d'inquiétude. » Saadani qui souriait toujours lui dit :

« Rachelle, tu n'auras pas besoin de te diminuer devant le bey, ne t'inquiète pas, Dieu est grand et tout ira bien. » Rachelle qui connaissait Saadani mieux que tout le monde lui dit :

« Tu ne trouves pas que c'est juste ce que je t'ai dit ? » A cela Saadani lui répondit :

« Rachelle, tu penses toujours à l'argent, tu ne vois pas que Dieu m'avait donné la réponse le même jour pour le chef des bandits, puis un prince comme ami et maintenant aussi le bey et peut-être encore le caïd comme ami. » Rachelle comme d'habitude savait que Saadani avait un cœur doux et n'allait jamais demander de l'argent pour n'importe quel service. Elle savait de même que Saadani obéissait toujours à son destin. Quand Saadani voyait des gens qui se disputaient, il disait souvent :

« Ces gens mijotent comme une marmite pleine d'eau qui s'évapore avec le temps. Ils finiront par se consommer eux-mêmes. » Saadani se débarbouilla le visage et un peu le corps puis il mit sa plus belle tenue - son pantalon bouffant plein de plis jusqu'à la ceinture, la chemisette blanche et dessus une jaquette brodée. Ceux-ci étaient séparés par un grand bandereau rouge autour de la ceinture. Sur sa tête il avait une *chechia* (un genre de béret rouge) couverte ensuite par un genre de foulard que l'on appelait *el kachta*. Rachelle l'aimait beaucoup, il était grand de taille, ses yeux bleus embellissaient son visage aux joues rouges et aux moustaches blondes. Ce soir-là Saadani paraissait comme un bey, il rayonnait à tout azimut et son sourire ajoutait du charme à sa beauté.

Le carrosse du bey venait d'arriver, juste quand Saadani finit de s'habiller et était prêt à partir. Le carrosse était entouré d'une dizaine de *spahis* à chevaux. En voyant cela, Rachelle n'en revenait pas de l'honneur que le bey leur réservait. Au début elle avait l'envie de rester à la maison mais maintenant que Saadani et elle étaient si bien habillés, elle ne voyait pas pourquoi ne pas profiter d'une telle occasion. Il ne faut pas oublier que Rachelle venait d'une famille intellectuelle et bien aisée. Depuis bien longtemps elle n'était pas sortie. Cette invitation lui donnait l'occasion d'exposer ses toilettes gardées depuis son mariage dans une chambre séparée.

Saadani sortait très souvent et il aimait mettre ses meilleures tenues. Tout le monde le prenait pour un homme très riche et Saadani ne faisait rien pour démentir ces rumeurs, au contraire il disait toujours « évidemment je suis très riche, » car il se sentait riche, et sa façon de vivre était noble. Saadani était toujours joyeux et de bonne humeur. Il disait toujours :

« L'homme ne doit pas s'inquiéter pour son sort, il doit faire de son mieux dans tous les domaines qui le concernent et laisser le reste à la grâce. Et pour faire bien, il faut avoir tout le temps la conscience tranquille, c'est elle qui nous dit de minute en minute si nous sommes sur le bon chemin ou si nous déraillons. » Tous ceux qui connaissaient Saadani l'aimaient et étaient en admiration devant son charme et sa bonté.

Pendant ce court délai, le prince avait le temps de raconter à son père le bey tous les détails. Celui-ci était stupéfait par le courage de Saadani et avait promis à son fils qu'il respecterait tous les engagements qu'il avait pris envers Saadani et envers les bandits.

Rachelle se plaisait dans le carrosse du bey. Le cheval de Saadani n'avait pas l'air d'être content. Pour une fois que Rachelle voyageait, le cheval n'avait pas eu le plaisir de la prendre sur son dos et de la conduire à une si belle occasion. De loin on n'entendait que les trots des chevaux, les roues du carrosse et la voix du chef des *spahis* qui donnait des ordres. Les *spahis* juchés sur leurs chevaux marron clair avançaient d'un trot régulier. De temps en temps ils ralentissaient sur l'ordre de leur chef. Ils avaient pris la responsabilité de protéger les deux invités du bey. Saadani regardait très souvent le paysage extérieur à travers la petite fenêtre de la porte du carrosse. Dehors l'obscurité totale commençait à régner sur la route, mais les chevaux semblaient bien voir le chemin. Il n'y avait pas des routes entre Béja et Medjez el-Bab c'était des chemins couverts de pierres et parfois un peu ardus, de temps en temps on entendait la voix du cocher qui disait :

« Ho ! Ho ! Arrête ! » Alors les chevaux ralentissaient. On entendait le grincement des freins sur les roues.

« Le trajet n'était pas si long, » disait Rachelle. En effet tard dans la nuit le carrosse arrivait au palais du

Bardo. Au grand portail, deux officiers faisaient un signal au cocher de passer. Arrivés au bâtiment réservé pour les invités, un officier du bey les attendait avec deux soldats porteurs de bagages. Ils déchargèrent d'abord la grande malle en bois que Saadani avait fait cadeau à Rachelle lors de leur mariage. Cette malle était peinte en peinture bleu clair puis sur cette peinture il y avait des petits oiseaux et des fleurs. Rachelle aimait cette malle car elle la trouvait belle est gaie. Elle ressemblait à un tableau de belle peinture tellement le peintre avait pris soin de son œuvre. Après avoir déchargé le reste des bagages un de ces deux porteurs était assigné pour aider Rachelle à bouger les choses qu'elle avait prises avec elle. En tout il y avait une grande malle bleue et une plus petite malle d'une couleur blanche ornée de petits points verts, elle ressemblait à un verger de fruits. C'était tout ce que Rachelle et Saadani avaient pris pour la durée du séjour qui leur était inconnue.

L'officier avait éclairé le chemin avec une lanterne qu'il portait d'une main. Les deux soldats emmenèrent les bagages dans un appartement alloué pour les invités du bey. Saadani n'avait jamais dormi ailleurs à part les jours qu'il allait aux foires où il devait parfois passer la nuit. Après avoir montré l'appartement au couple, les officiers en charge avaient pris congé de Saadani en lui disant :

« Nous reviendrons vous prendre plus tard, le bey voudrait vous voir. » Saadani qui voulait se libérer de ces hommes, tendit à chacun de ces soldats une pièce de monnaie, ensuite il prit l'officier de côté et lui remit une des bagues qu'il avait dans ses doigts en lui disant :

« Je suis très satisfait de vos services et permettez-moi de vous remettre un petit cadeau et surtout n'osez pas me le refuser. » Rachelle n'avait pas vu cette scène généreuse de Saadani. Une fois que tous ces soldats et officiers du bey étaient partis, Saadani ferma la porte derrière eux et dit à Rachelle :

« Je sais que tu aimes que les gens payent pour mes service, mais je dois te confesser que depuis que nous nous sommes mariés j'avais fait un vœux de toujours être en mesure de donner aux autres, sans me soucier si les autres me paieraient de retour. Nous ne pouvons pas savoir si les services que nous avons reçus et les services que nous donnons se tiennent en balance. Je ne fixe jamais la somme pour un service quelconque sauf lorsqu'il s'agit de marchandise que j'ai payée. Donc ce que j'avais fait pour le prince est un service que seul Dieu peu apprécier à sa juste valeur. Combien de fois ma vie était sauvée par quelqu'un, j'avais toujours dit merci et j'avais continué mon chemin. » Rachelle écoutait Saadani avec beaucoup d'attention et d'admiration et lui dit :

« Après tant d'années que nous sommes mariés c'est la première fois que tu m'expliques tes raisons pourquoi tu n'avais jamais voulu discuter de tes services. » Saadani reprit la parole pour lui dire :

« La raison pour laquelle seulement aujourd'hui je te le dis, c'est que pour la première fois tu seras devant le bey, sa famille et le prince et je voudrais que l'on te respecte. A part cela, si tu veux bien le reconnaître, nous n'avons jamais manqué de rien n'est-ce pas ? » Puis il ajouta :

« Il faut toujours avoir la foi en soi-même et ne pas se soucier du lendemain. » Rachelle l'observa et lui dit :

« Eh bien, je te préfère comme tu es ! Je m'excuse si je n'avais pas su deviner tes intentions et excuse-moi de t'avoir fait confesser tes croyances et ta foi. » Saadani lui répondit :

« Ce n'est pas grave, tu es ma

femme et tu es une part de moi-même. » Puis il fit :

« Du reste il n'est jamais tard de te confesser la vérité. » Rachelle lui repondit :

« Saadani, je te promets de ne plus soulever cette question. »

Les deux se dégourdirent les jambes, puis ils se rafraîchirent le visage avec l'eau fraîche du bocal qui était sur la commode. Une fois que les deux étaient prêts, Saadani s'affala sur le divan afin d'être à l'aise pour la soirée. Saadani considérait que les deux jours passés étaient turbulents et pleins d'émotions. Saadani aimait les voyages à cheval mais il n'était pas habitué ni aux calèches ni aux carrosses.

Un bon moment était passé depuis leur arrivée ; Saadani n'avait pas l'air de se presser. Pour lui il fallait prendre le temps et ne pas précipiter les choses.

Il attendait patiemment l'arrivée des officiers qui devaient les accompagner. Dehors, il faisait sombre, on ne voyait que les lumières des lanternes qui donnaient un éclairage pâle sur le chemin qui emmenait aux appartements des invités. De temps à autre on y voyait des passants qui semblaient être des soldats du bey ou des personnes de service qui traversaient ces chemins qui menaient aux appartements. Saadani qui était allongé sur le divan, fini par s'endormir. Rachelle se mit près de la fenêtre et observait le va-et-vient des passants et des lanternes qui se balançaient.

A Béja, la maison de Saadani n'avait pas de fenêtre vers le dehors toutefois, mais chaque chambre avait une fenêtre qui donnait vers la grande cour carrée qui se trouvait à l'intérieur de la maison et on ne voyait que le ciel. C'était la première fois que Rachelle avait une fenêtre qui donnait vers la rue.

De loin, elle vit une lanterne qui entrait dans l'allée de leur appartement ; elle réveilla Saadani en lui disant :

« Réveille-toi! Je crois que quelqu'un s'approche vers nous. » Saadani qui n'était pas sûr si cette personne venait pour eux ou pour un autre appartement répondit :

« Laisse-moi somnoler encore un peu et si l'officier arrive tu lui diras d'attendre. » Puis il s'était à nouveau endormi. Quelques minutes plus tard, la lanterne se dirigeait dans une autre allée, sans doute vers un autre invité. Rachelle se reprochait d'avoir inutilement dérangé Saadani. Elle s'était mise auprès de la table de la petite chambre qui était près du salon avec un travail de broderie dans les mains.

Beaucoup plus tard, le même officier se présenta devant la porte et frappa gentiment à la porte. Comme Saadani l'avait recommandé, Rachelle s'approcha de la porte et fit :

« Un moment s'il vous plait, » puis elle dit à l'officier que son mari va le suivre. Ensuite elle alla chez Saadani et le réveilla gentiment. Saadani prit son temps, puis doucement il se dirigea vers l'intérieur de l'appartement où se trouvait une petite bassine remplie d'eau fraîche. Il se rinça encore une fois le visage, tout en disant :

« Chah Chah ! » (Comme c'est rafraîchissant ! Comme c'est rafraîchissant !) » Puis il se vit au miroir, pour arranger son *sarwal* (pantalon bouffant) et sa *fermela* (son gilet brodé) avec ses boutons en tissus. Saadani était enfin prêt, Rachelle l'était aussi et petit à petit ils se mirent en route vers le carrosse qui les attendait au bout de l'allée, sur le chemin qui emmenait au palais principal du Bardo. Le chemin était très court. Saadani se demandait s'il valait la peine de venir en carrosse. A l'entrée du palais un homme habillé en tenue spéciale de couleur bleu clair avec une ceinture en laine rouge autour de la taille qui marquait le rang d'officier les accueillit et les conduisit dans un couloir assez large d'où l'on pouvait entrevoir la grande salle à manger avec les tables couvertes de nappes blanches sur lesquelles les couverts ornés d'or étaient biens mis.

Le maître de cérémonie fit un signe à Saadani de le suivre. Saadani suivait les pas de ce monsieur, l'atmosphère lui paraissait étrange surtout pour lui qui n'avait jamais mis les pieds dans une salle pareille. Rachelle qui était toute petite de taille semblait faire de grands efforts pour suivre les pas de Saadani qui était d'une taille de géant. Celui-ci tournait son visage pour faire un signe avec sa bouche et sa main, comme pour dire, « quelle salle ! » L'officier continuait sa marche jusqu'à arriver dans une autre salle pleine de chandeliers et d'invités déjà assis, qui bavardaient entre eux. Puis le maître de cérémonie atteignit une table toute décorée de fleurs et avec des chaises rembourrées dont les dos étaient un peu plus élevés que les autres chaises et s'arrêta brusquement. Puis il fit un demi-tour afin que Saadani puisse voir sa face et lui dit :

« Monsieur, voici votre chaise » et il tira la chaise pour permettre à Saadani de s'asseoir, lorsque Saadani réagit de la sorte :

« Mais monsieur, vous croyez que je ne peux pas tirer la chaise moi-même ? » Puis il ajouta :

« Assoyez-vous monsieur, je vous l'ordonne! » Sans hésiter, le monsieur s'assit sur la chaise. Saadani avec un petit sourire haussa le monsieur avec la chaise en lui disant :

« Alors vous croyez que je peux lever une chaise ? » Le prince qui était derrière une sorte de coulisse observa cette scène de loin. Il fit un grand sourire qui n'échappa pas à son père qui lui aussi était à côté et observait tout ce qui se passait dans la salle de réception. Saadani ne comprenait pas pourquoi Rachelle ne souriait pas, croyant bien lui faire plaisir en montrant sa force puis il lui dit :

« Ma chère Rachelle tu vois comment que j'avais pris ce monsieur ? » Rachelle qui avait honte lui répondit :

« Oui, comme un sac de blé. » Saadani était tout content de lui-même et frappa d'une façon amicale l'épaule de l'officier, qui l'avait conduit. Puis juste lorsqu'il devait s'asseoir, le son d'une trompette faisait vibrer l'air dans la salle.

Et soudain il vit le bey et le prince qui apparaissaient dans la salle à manger, entrant d'une autre porte, accompagné de sa femme et d'encore un monsieur avec une barbe, ressemblant à un rabbin. Derrière eux, à une distance, apparaissait le caïd, sa femme et deux hauts officiers.

Saadani prit place et Rachelle à ses côtés, ensuite l'homme avec la barbe ; le caïd et sa femme et le prince se mirent en face de Saadani et la femme du bey se mit en face de Rachelle. Le bey s'assit en tête de la table. Des servants rentrèrent avec des plateaux de viande et des plateaux de légumes cuits, d'autres avec des plats à la tunisienne. Lorsque Saadani vit celà il dit à Rachelle :

« Mais je ne pourrais pas manger, ce n'est pas cacher. » Juste lorsqu'il dit ces mots, l'homme à la barbe se leva et fit la prière du pain en hébreu. Aussitôt après la prière, pendant que Saadani était déjà stupéfait d'entendre une prière qu'il connaissait, dans le palais du bey, l'homme à la barbe s'introduisit et dit à Saadani :

« Echkoun Syatek ? » (A qui ai-je l'honneur ?) Saadani s'introduisit en disant :

« Ana Saadani Sa'adoun mel Baja. » (Je suis Saadani Sa'adoun de Béja.) Le prince qui écoutait ces dires intervint et fit :

« Monsieur le rabbin, cet homme est un héros à qui je dois ma vie, et c'est en son honneur et en l'honneur de sa chère épouse que nous vous avons invité ainsi que les cuisinières juives. » Saadani qui entendait cela était ému et ne savait pas quoi dire – lui qui aimait la simplicité, il se trouvait à table avec le bey et encore avec un rabbin parce que le bey voulait l'honorer. Rachelle regarda Saadani et lui dit :

« Tu vois quel honneur on te fait ? » Saadani, qui ne savait pas quoi dire lui dit :

« Mais Rachelle, je n'ai rien fait de particulier pour qu'on me fasse tant d'honneur, c'est à Dieu que nous devons tout l'honneur, car c'est lui qui avait facilité la libération du prince, il a créé les circonstances appropriées pour que cela se fasse par mon intermédiaire. » Lorsqu'il finit son argument le bey prit la parole et fit :

« Nous remercions Dieu d'avoir facilité la libération de mon fils et d'avoir choisi Monsieur Saadani Sa'adoun d'être notre intermédiaire. Je déclare devant ces respectueuses personnes que je nomme Saadani Sa'adoun officier à vie dans la cour du bey sans aucune obligation de sa part et il recevra le salaire approprié d'un officier et d'un héros. » Saadani, qui trouvait cela très exagéré reprit la parole pour dire :

« Je remercie Sidna El Bey (notre seigneur le bey) de sa grande générosité, et je trouve que cette soirée amplement remplit toutes les obligations envers moi de la part du bey et du prince. Je me sens plus qu'honoré et que le salaire indiqué par notre bey sera bienvenu aux orphelins de Tunis. » Le prince se pencha envers son père et lui dit à l'oreille :

« Vous voyez papa, quel homme est ce Saadani ! » Le bey, écoutant son fils et prenant en considération ce qu'il venait de dire, s'abstint de réagir au refus délicat de Saadani de recevoir le salaire en suggérant de le donner aux orphelins de Tunis. Rachelle comprit que Saadani avait commis une indélicatesse, mais elle savait aussi qu'il avait toujours choisi la bénédiction et la charité. Elle regarda le bey et fit :

« Puis-je ajouter quelque mots ? » Le bey fit un geste de la main comme « allez-y madame. » Rachelle prit la parole et dit :

« La chose la plus importante de cette soirée, c'est d'avoir avec nous notre aimable prince en vie et nous remercions aussi Dieu pour cela et que son père est aussi avec nous à cette heureuse soirée. » Le bey oublia ce que Saadani avait dit et pour remercier Rachelle pour ces gentilles paroles, il dit :

« Je me sens honoré, chère Madame Saadoun, que vous ayez accepté mon invitation. Je suis très heureux de pouvoir, au nom de mon fils aussi, vous dire bienvenue à notre palais. » Le rabbin qui n'avait pas osé dire un mot à Saadani, regarda Saadani et fit :

« Vous êtes généreux et vous appliquez les commandements de la bible, ce qu'un bon juif doit faire, dévouement et charité ! » Saadani pour qui tous ces discours n'étaient pas de son genre, hocha la tête en signe de oui, je vous écoute. Mais s'il croyait s'en tirer avec ça, il se trompait, car les cérémonies n'avaient que commencé. Après le repas, le bey se leva et passa à une autre grande salle où attendait une centaine de personnes assises sur des bancs bas qui étaient autour des murs et devant les bancs se trouvaient des tables basses sur lesquelles des plateaux d'amandes et des dattes qui avaient l'air d'être récemment cueillies étaient étalés.

Dans un des coins, un orchestre oriental faisait ses petites répétitions. Saadani qui aimait le silence et la solitude se trouvait confronté avec des personnes qu'il n'avait jamais connues et dans une ambiance loin de ses champs, de ses plaines et de l'air pur où il trouvait sa sérénité. Rachelle était silencieuse et observait tout ce monde richement habillé. Alors qu'elle regardait ces gens, elle réalisa qu'elle était la seule femme dans la salle. Un officier de la cour était venu la chercher pour l'accompagner auprès de Madame el beya la femme du bey. Celle-ci avait quitté la salle à manger et depuis, Rachelle l'avait perdue de vue. Saadani voyant que quelqu'un accompagnait sa femme, se mit devant et barra le chemin. L'officier expliqua à Saadani qu'il accompagnait Rachelle à la demande d'el beya et Saadani qui de nature n'avait pas confiance en personne les accompagna et dit à l'officier :

« Emchi El Qodam Nahna Fijortek. » (Allez-y en avant, nous vous suivrons.) Après avoir accompagné sa femme, Saadani rejoignit la salle des hommes où le bey venait de rentrer. Saadani se précipita pour prendre sa place auprès du rabbin lorsque le bey lui fit signe de le joindre. Saadani était très embarrassé, surtout que Rachelle n'était pas à ses côtés. Il se trouva du coup entouré de dignitaires et d'un monde loin du sien. Il s'approcha lentement du bey, celui-ci lui montra une chaise d'honneur qui appartenait normalement à son épouse. Saadani ne se sentait pas à l'aise. Il n'osait pas le dire, des personnes passaient pour saluer le bey ensuite elles saluaient Saadani. Il était déjà très tard dans la nuit et Saadani cherchait une excuse pour se retirer de cette situation qui devenait plus impossible d'un moment à l'autre. Saadani ne s'énervait jamais mais il s'ennuyait et juste lorsqu'il voulait presque se lever le prince apparu et demanda à son père de se retirer avec lui car il avait de quoi discuter des choses concernant le paiement aux bandits. Le bey fit encore une fois signe qu'il pouvait se retirer. Saadani se sentait enfin libéré d'une situation qui devenait intenable. Le prince avait l'air de sentir ce qui se passait dans la tête de Saadani. Il fit un sourire doux, Saadani lui retourna le sourire discrètement et les deux amis se retirèrent et rentrèrent silencieusement dans une autre chambre. La grande salle de réception grouillait, la sortie du prince avec son ami ne semblait pas attirer d'attention. Saadani et le prince s'éloignèrent du monde, le prince avait bien choisi une chambre qui était retirée et semblait être appropriée pour une discussion discrète. Ils prirent place dans un divan qui était là, puis le prince commença :

« Mon cher ami, j'espère que vous n'étiez pas trop ennuyé, je sais que ce monde est très loin du vôtre, c'est pourquoi je me suis rapproché car je sentais que tout ce monde ne vous disait rien, et je craignais que vous

vous ennuyez. » Saadani qui était pour la première fois à l'aise lui répondit :

« Mon prince ! » Le prince le corrigea :

« Non ! Non ! Mon ami ! » Saadani comprit ce que le prince voulait de lui et fit :

« Mon cher ami, comme je vous l'ai déjà dit, j'accepte votre amitié sans obligation aucune. » Le prince qui savait déjà que Saadani ne se plaisait pas dans la compagnie de dignitaires lui dit :

« Je vous en prie, ayez patience, je respecte votre mode de vie et je vous envie. Je voulais discuter avec vous de la somme de cinq mille dinars que vous aviez avancée aux bandits. Mon père m'avait remis cette lettre que vous allez remettre au caïd de Béja, afin qu'il vous rembourse cette somme. Cela vous va ? » Saadani d'un ton nonchalant fit :

« Oui, oui, » comme pour clore l'affaire et parler d'autre chose que d'argent. Le prince regardait Saadani avec beaucoup d'anticipation, comme pour lui dire, « ne me voyez pas avec ces gens, je dois jouer le rôle comme on me l'a enseigné, mais comme je vous l'ai dit, j'admire votre façon de vivre et je vous envie. » Saadani comme pour le mettre à l'aise lui dit :

« Mon cher ami, loin de là de m'ennuyer, mais comme je ne vois pas Rachelle, donc je crains qu'elle ne se sente dépaysée. » Le prince reprit et dit :

« Oh non ! Maman s'occupera bien d'elle. Du reste si vous voulez la voir nous pourrons passer par leur salle. » Saadani qui soi-disant ne voulait pas montrer qu'il désirait bien la voir fit :

« Eh bien, si vous voulez, pourquoi pas. » Le prince sortit de la chambre et se dirigea vers la salle où se trouvait sa mère, Saadani le suivit et vit Rachelle ; celle-ci était plongée dans une conversation qui semblait être très agréable avec une autre dame bien distinguée. Ce n'est qu'à ce moment que Saadani fit un geste au prince de ne pas trop avancer afin de ne pas la déranger. Le prince expliqua à Saadani qu'il fallait retourner à la salle où le bey se trouvait, car après tout c'était à son honneur que cette soirée a eu lieu. Saadani qui n'avait jamais montré quoi ce soit, lui dit :

« Nous avons respiré de l'air un bon moment et comme j'ai constaté que Rachelle s'y plaisait, je vous suis. » Dans la salle du bey un orchestre oriental jouait. On pouvait entendre de loin les sons aigus des instruments orientaux. Saadani s'était rappelé ce que Rachelle lui avait dit. Il salua à nouveau le bey et reprit sa place. Le bey fit un geste et l'orchestre réduit le ton de la musique, puis doucement la musique cessa pour laisser la place au bey qui s'adressa aux invités dans la salle avec ces paroles :

« Messieurs les dignitaires, je vous ai réunis ce soir pour d'abord acclamer mon fils le prince Ibn Raïs El Pacha, que vous connaissez tous depuis son jeune âge. Aujourd'hui, il a atteint à mon avis, un âge où il devrait trouver une compagne pour la vie. » A peine avait-il dit ces mots, qu'un haut chuchotement remplissait la salle, car parmi les dignitaires plusieurs avaient des jeunes filles à marier. Chacun souhaitait marier sa fille au prince. Ensuite le bey continua :

« Et maintenant j'ai le plaisir de vous présenter le plus grand héros de notre pays depuis que je suis bey. » Puis il fit signe à Saadani d'approcher et continua :

« Monsieur Saadani Sa'adoun que certains d'entre vous connaissent. » Puis il fit à nouveau le geste magique au caïd de Béja de se rapprocher, reprit la parole et dit :

« Puisque Monsieur Sa'adoun est de Béja je vais passer la parole au caïd de Béja pour vous dire quelques mots sur lui à son tour. » Le caïd ayant été préparé à l'avance par le bey, salua avec sa tête d'abord à droite, puis à gauche, et commença :

« Votre Majesté notre bey, dignitaires ! En effet le plaisir m'a été donné de présenter Monsieur Saadani Sa'adoun, le héros de la Tunisie et le héros de la Kroumerie, et certainement notre héros de Béja. Cet homme simple et modeste avait fait un acte d'héroïsme unique dans son genre et avec un calme exemplaire. Les détails sont de nature très confidentielle, c'est la raison pour laquelle je ne peux les commenter mais le bey et le prince les ont reconnus et appréciés à leurs justes valeurs. Maintenant je redonne la parole à Sa Majesté le bey qui voudra ajouter certainement quelques mots plus intéressants que les miens. » Le silence se fit total lorsque le bey se leva de la chaise, puis les applaudissements remplissaient l'air, le bey fit avec sa main un geste pour dire « c'est suffisant, » puis il commença :

« Messieurs, c'est un honneur de relater les mérites des actions que Monsieur Saadani Sa'adoun avait faites, mais à sa propre demande, je vais me contenter de déclarer devant vous tous, que Monsieur Saadani Sa'adoun est l'unique héros beylical et en conséquence il bénéficiera de nos lois se rapportant aux héros. Je pense que tous les présents connaissent ce que cela veut dire et que je n'ai rien à ajouter que de vous souhaiter une bonne soirée avec notre héros. »

Dès que le bey avait terminé ces paroles, à nouveau de grands applaudissements remplissaient la salle, semblables à la cérémonie le jour où le prince fit son entrée dans l'activité beylicale. Saadani avait rougi de sorte que ses joues étaient presque gonflées de sang. Ses moustaches blondes ressortaient de son visage comme un bouquet de fleurs. Il y avait aussi des nobles qui se frayaient le chemin pour venir le féliciter. Saadani n'avait pas le temps de reposer sa main, à chaque fois qu'il retirait sa main, il devait la tendre à nouveau aux personnes qui venaient pour la lui serrer. Jamais Saadani n'avait connu tant de riches personnes à la fois et en ce moment-là l'idée de revoir le visage d'Abou LaRouah, lui venait constamment devant lui. Il ne comprenait pas pourquoi cette idée lui venait, sans doute c'est à cause de ce bandit que tout cela s'était déclenché se disait-il. Il devait sourire à chaque dignitaire qui se présentait à le voir. Saadani avec ses beaux habits et sa grande taille ressemblait lui aussi à un grand noble. C'était très impressionnant, les gens le voyaient non seulement comme un héros mais aussi comme un géant arrivé d'un autre monde. La file des hommes qui défilaient diminuait.

Saadani fit un soupir qui n'avait pas échappé au regard furtif du prince.

Ce dernier aussi avait hâte de voir la fin de cette soirée. Il craignait que toutes ces cérémonies et ces bonshommes pourraient lui faire perdre l'amitié de Saadani qu'il venait à peine d'acquérir. De temps à autre les yeux de Saadani étaient aussi à la recherche de quelqu'un qui le connaissait, comme les yeux d'un bébé qui venait de naître et qui observent le monde autour de lui à la recherche d'un regard familier.

Cette soirée avait renforcé la conviction du prince que Saadani était bien son meilleur ami, il croyait bien que cette affaire de bandits qui l'avaient kidnappé valait bien la peine, si ce n'était que pour connaître Saadani. Il remerciait Dieu dans son cœur d'avoir tracé sa destinée ainsi. Il se disait aussi que dans le fond il n'avait pas souffert dans les mains des bandits. C'était surtout la peur de l'inconnu, mais aussitôt que Saadani avait apparu, c'était le bonheur lui-même qui s'était manifesté et depuis son cœur se réjouissait. Cette cérémonie lui fit bien comprendre pourquoi que Saadani ne se plaisait pas en compagnie de tout ce monde. Saadani était bien l'être vivant aimable et simple. Il aimait la nature plus que sa ville, la seule qui pouvait remplacer les champs et les plaines c'était sa femme.

Rachelle ne se mêlait jamais de son programme du jour. Elle le laissait aller et revenir comme bon lui semblait et Saadani se sentait libre comme un oiseau. Depuis longtemps Rachelle avait bien saisi qu'on ne pouvait pas limiter la liberté de mouvement à un homme comme Saadani. Elle disait souvent à ses amies de ne pas être jalouses et ne pas questionner ce genre d'homme. « Le soir ils retournent chez eux à la maison comme des petits enfants. »

Par un bon matin d'hiver Saadani

devait visiter des amis qui n'habitaient pas dans son quartier mais un peu hors de la ville et près du mausolée du saint musulman Sidi Frej du côté opposé de la ville. Sa femme Rachelle, qui souffrait des yeux ne pouvait pas ce jour-là faire le pain, elle lui dit :

« Passe chez ta fille Ghzala et apporte le pain de chez elle pour le déjeuner. » Saadani alla d'abord voir son ami qui habitait de l'autre côté de la ville. A l'heure du repas son ami le retint pour le déjeuner. Saadani ne refusait jamais une prière et comme son ami insistait, il finit par déjeuner avec lui et avait entièrement oublié le pain qu'il devait prendre chez sa fille. Le soir sur son chemin de retour il se rappela de la requête de sa femme et quoiqu'il fût déjà tard dans la soirée, il passa chez sa fille. Celle-ci lui remit un gros pain qu'elle avait préparé dans la journée. Saadani pris le pain sous son bras et comme si rien n'y était, il retourna lentement à la maison.

Rachelle qui était d'un caractère fin et discret, l'accueillit sans remarque, et aussi fit semblant comme si elle n'attendait pas son retour, ni le pain. Ses autres enfants dormaient déjà. Pour lui donner l'impression que la course qu'il venait de faire était appréciée, Rachelle mit une marmite avec de l'eau sur le feu. Saadani lui demanda :

« Quel plat as-tu fait aujourd'hui ? » Rachelle tout calmement lui répondit :

« Regarde toi-même dans la marmite. » Saadani leva le couvercle, il ne trouva que de l'eau et tout étonné il dit a Rachelle :

« Mais il n'y a que de l'eau ? » Rachelle répliqua avec un sourire :

« Veux-tu que j'attende jusqu'au soir pour le repas de midi ? » Saadani avait finalement compris l'allusion et lui dit :

« Tu m'excuses, j'avais eu un si bon déjeuner, que j'avais oublié que vous n'aviez encore pas mangé. » Rachelle le consola et lui expliqua que, ne le voyant pas arriver, elle avait changé de programme et avait fait un couscous aux courges et au *kadid* (viande séchée) pour le déjeuner, au lieu de la *mloukhia* qu'elle avait voulu faire au début. Rachelle n'était ni jalouse ni possessive, elle l'aimait tellement qu'elle le préférait tel qu'il était et le laissait dans son monde libre. Elle disait toujours :

« Que m'importe où il va, l'essentiel c'est qu'il retourne toujours gai à la maison. »

Saadani n'avait jamais manqué de retourner chez lui sauf les jours de foire où il devait passer la nuit dans le *fondouk*. Rachelle avait raconté cet épisode à la femme du bey pour lui démontrer combien Saadani était gentil. Comme la soirée durait, la femme du bey demanda à Rachelle :

« Chère Rachelle avez-vous une autre histoire de votre mari ? » puis elle continua : « Je trouve Saadani très charmant et il a une gentillesse innocente. » A peine Rachelle voulait répondre, que la femme du bey lui dit :

« Je commence à aimer votre gentil mari qui a sauvé mon fils. » Rachelle répondit humblement :

« Mais, chère madame, vous êtes très gracieuse de dire ces gentilles paroles. Je vais vous raconter une autre histoire de mon mari. » El beya écoutait avec beaucoup d'attention et fit :

« Allez-y, racontez-moi, j'aime bien ce genre d'histoires, ici au palais on s'ennuie. On voit à longueur de journée des hommes en uniformes ou des hommes bien habillés qui viennent apporter des cadeaux à mon mari, mais à vrai dire ils ont toujours quelque chose à demander. Rarement on voit des femmes, mais heureusement que nous avons nos femmes de service dont certaines sont agréables et mignonnes. » Rachelle qui écoutait patiemment les dires de cette noble dame se sentait heureuse d'avoir finalement obéi à son instinct et non pas à son intelligence. Une fois que la reine avait terminé de parler, Rachelle prit la parole et entama une nouvelle histoire. La reine était très heureuse de voir Rachelle apporter une nouvelle histoire et s'était mise attentivement à l'écoute.

Un jour Saadani revenait de la foire en apportant avec lui quelques cadeaux pour les enfants et surtout une belle poule vivante qui était attachée à ses pattes et suspendue sur la selle du cheval. Il était tout heureux de lui-même. Le matin comme d'habitude Rachelle lui demanda quelles suggestions avait-il pour le repas de midi et il répondit :

« Mais nous avons la poule ? N'est-ce pas ? » A quoi elle lui répondit :

« Oui, tu as raison. » Puis il monta à son cheval et partit. Le lendemain c'était exactement la même chose que le jour avant ; elle lui posa à nouveau la même question :

« Qu'allons-nous manger à midi ? » Saadani lui répondit comme le jour avant :

« Mais nous avons la poule. » A quoi el beya éclata de rire de sorte que le bey entendant les rires de sa femme, accourut pour savoir à quoi ce rire se référait. El beya lui raconta l'histoire de Saadani. Le bey sans dire un mot se retira tout en souriant, s'approcha du caïd de Béja et lui dit calmement :

« Monsieur le caïd prenez note : A partir de demain ou évidemment dès votre arrivée chez vous d'inscrire dans votre calendrier ces ordres – de faire envoyer tous les jours à la maison de Monsieur Saadani Saadoun une belle poule que vous ferez choisir parmi les bonnes poules de Béja. » Le caïd, comme toujours obéissant au roi, lui répondit :

« Oui, ya sidi el bey, oui, oui, ça sera fait comme vous le dites. » Le bey l'interrompit avec ces paroles :

« Et surtout faites-le discrètement

afin que Monsieur Saadani Saadoun ne le sache ; vous pouvez confier ce secret uniquement à sa femme. » Le caïd écoutait attentivement le bey et lui répondit :

« Votre Majesté le bey, vous pouvez compter entièrement sur moi, et si c'est nécessaire… » Puis il continua : « Monsieur le bey, personne ne le saura que cette poule vient de vous. » A quoi le bey intervint encore une fois et lui dit :

« Faites attention et méfiez-vous surtout des femmes, y compris la vôtre. » Le caïd se retira discrètement du bey pensant à une aventure amoureuse du bey. Depuis et durant toute la période où Saadani habitait Béja, Rachelle reçut tous les jours une belle poule de la part du Caïd. Tous les matins, Rachelle posait la question quotidienne et Saadani lui répondait, « Mais tu as la poule. » Pendant des années Rachelle fit tous les jours un bouillon avec la poule et Saadani était toujours satisfait de la poule sans jamais avoir demandé d'où cette poule venait.

Après la soirée du Bardo le prince et son aide de camp avaient accompagné Saadani et Rachelle à leur appartement dans l'enceinte du Bardo. Le prince voulait ainsi témoigner son amitié à Saadani. Le lendemain le carrosse du bey les attendait pour les accompagner à Béja. Une patrouille du prince les accompagna. Saadani n'avait pas son cheval car il aurait préféré montrer à Rachelle le chemin et les champs qu'il connaissait bien et qu'il traversait chaque fois qu'il partait à Medjez el-Bab. Mais il était bien content, car Rachelle était fatiguée de la veille et elle manquait de sommeil ; dans le carrosse elle pouvait bien se détendre et même somnoler. Arrivés à Béja, Saadani et Rachelle sont allés directement dormir pour se rattraper de la veille.

Le prince passa quelques jours auprès du bey puis il reprit sa tâche dans la caserne de Medjez el-Bab. Le caïd était reparti très tard le soir même. Quelque jours plus tard, ce dernier convoqua Saadani de venir le voir. Saadani qui n'aimait pas tellement les autorités, dit ces mots au *spahi* qui venait lui apporter le message :

« Dites à votre caïd que Saadani ne pourra pas venir vous voir car il a un rendez-vous avec Son Altesse le prince et s'il veut me voir je serai ce soir chez moi à la maison. » Le spahi repartit sans dire un mot ; il répéta les paroles de Saadani au caïd. Le soir Saadani retourna à la maison et à sa surprise il trouva à nouveau le même *spahi* qu'il avait vu le matin qui l'attendait devant la porte. Quand Saadani s'approcha de la porte il lui demanda d'un ton doux :

« Quel privilège me donne l'honneur d'avoir un *spahi* à ma porte ? » Le *spahi* lui dit :

« Monsieur le caïd veut vous

voir. » Saadani répondit :

« Je suis là, il peut me voir quand il le voudra. » Le *spahi* ne sachant pas quoi faire, repartit sans dire un mot. Plus tard dans la soirée le caïd apparu chez Saadani ; celui-ci l'accueillit aimablement il le fit rentrer à la maison ; Rachelle s'empressa à faire un thé. Le Caïd s'était assis et commença :

« Mais Saadani je vous ai convoqué et vous n'êtes pas apparu. » Saadani tout calmement lui répondit :

« Monsieur le caïd, malgré tous les honneurs et le respect que je vous dois je me sens le devoir de donner la priorité à notre prince. » Le caïd d'un air sérieux fit :

« Mais je ne suis pas si loin de vous, vous auriez pu d'abord venir me voir et puis ensuite aller voir le prince. » Saadani tout calmement :

« Eh bien si cela est comme ça je vais demander au prince et à Sa Majesté le bey de décider la procédure finale car moi je ne veux pas avoir à prendre aucune initiative qui puisse être plus tard interprétée, comme désobéissance de ma part. » Le caïd qui ne voulait pas rentrer en conflit ni avec Saadani ni avec ses supérieurs, et d'un ton conciliatoire reprit :

« Mais non, Saadani ! Ce n'est pas une raison de voir le prince pour cela. Je suis venu te voir pour te remettre l'argent du mois de la part du bey. » Saadani qui n'aimait pas être compromis d'une façon ou d'une autre refusa l'argent en lui disant :

« Non ! Non ! Qu'est-ce que je dois faire pour cet argent ? » Le caïd lui répondit :

« Tu ne dois rien faire du tout, Saadani ! » Ce dernier qui n'aimait pas prendre de l'argent de qui que ce soit, répondit :

« Non ! Non ! Il n'y a rien pour rien et à part cela je ne veux pas d'argent du gouvernement. » Le caïd essaya maintes fois de convaincre Saadani sans succès. Il repartit avec l'argent destiné à Saadani. Rachelle à nouveau voulait dire quelque chose à Saadani mais aussitôt, elle se rappela de la conversation qu'elle avait eue avant avec son mari et dans laquelle elle lui avait promis de ne plus parler d'argent.

Le lendemain Saadani se leva comme d'habitude avec une bonne humeur, et après avoir pris son petit déjeuner, il dit à Rachelle :

« Qu'en penses-tu si nous faisions une excursion à cheval ensemble ? » Rachelle qui savait bien que son mari aime la nature fit :

« Les deux sur ton cheval ? » Saadani avec un sourire innocent et comme il ne lui avait pas dit que le prince lui avait fait parvenir avec un *spahi* un cheval bien dressé comme cadeau, fit :

« Mais tu n'es pas lourde et mon cheval peut encore nous supporter les deux. » Rachelle se mit à rire de l'idée de son mari et lui dit :

« Mais pourquoi pas, oui j'aimerais connaître tes belles prairies et tes plaines dont tu m'en parles depuis déjà quelques années. » Rachelle toute joyeuse de l'excursion que lui réservait son mari fit :

« Bon, je vais mettre mes habits de cheval que tu m'avais une fois achetés, et je te rejoindrais à l'écurie. » Saadani alla vers l'écurie avec un sourire d'enfant car il se marrait de la surprise qu'attendait Rachelle. Saadani avait sellé le cheval blanc de Rachelle et commençait à l'admirer lorsque Rachelle habillée en tenue de cavalière entra à l'écurie.

« Mais d'où vient-il ce beau cheval blanc ? » Saadani fit un visage innocent et répliqua :

« Puisque que tu m'avais dit que nous deux étions lourds pour mon cheval, et bien tu vas recevoir ce cheval blanc comme ton cadeau de la part du prince. » Rachelle tout émue s'approcha du cheval et lui dit :

« Comment t'appelles-tu monsieur le cheval blanc ? » Saadani qui n'avait pas pensé à demander le nom au prince, fit tout simplement :

« Blanc ! » Rachelle répéta après lui :

« Blanc ? » Saadani avec un flegme continua :

« Oui Blanc, Blanc si tu veux. » Rachelle qui n'avait jamais contrarié son mari fit :

« Eh bien mon cheval Blanc, je suis Rachelle et nous allons être de bons compagnons et en attendant sois docile avec moi. » Le cheval blanc remua ses oreilles plusieurs fois comme s'il la comprenait. Saadani aida Rachelle à monter sur son cheval et voilà tous les deux traversant les rues de Béja. En quelques minutes les deux se trouvaient sur le chemin qui mène vers la route de Medjez el-Bab. Ils passèrent d'abord par quelques villages voisins pour montrer à Rachelle la richesse des environs de Béja.

Depuis la réception au palais du Bardo, Saadani visitait une fois par semaine le prince dans sa caserne et comme Testour n'était pas très loin de Medjez el-Bab, Saadani profita de visiter aussi la tombe de Rebbi Fraji Chaouat. Maintes fois le prince qui voulait que Saadani reste un peu plus dans la caserne, se vit entraîné avec Saadani vers la tombe de ce saint. Le prince allait jusqu'à jouer avec Saadani, une fois à la course à cheval et une fois jeter des pierres dans la rivière.

Pour Saadani c'était aussi une façon de se détendre car ces visites lui permettaient de faire des excursions de Béja à Medjez el-Bab et à Testour. Petit-à-petit le prince prenait goût à ces sorties à travers les champs et les prairies. Saadani aussi commençait à s'habituer au prince ; il le prenait pour un de ses enfants surtout qu'il n'avait pas eu encore de garçons, mais il avait quatre filles et ce n'est que plus tard qu'il avait fini par avoir une autre fille et un garçon. Ses filles l'aimaient beaucoup et elles s'occupaient de leur père comme d'un enfant. Quand il rentrait le soir les filles lui préparaient une bassine d'eau chaude et lui lavaient le corps et les pieds, Rachelle était toujours présente à ce bain mais lorsque les filles avaient fini cette tâche, c'était le tour de Rachelle de lui laver les cheveux et le visage. Entre temps les filles lui préparaient ses habits de maison. Un matin une des filles qui s'appelait Méha (Aimée) voulait aller avec lui dans les champs. D'abord il refusa en donnant des excuses, mais Méha ne voulait rien y comprendre et elle lui dit:

« Baba tu dis toujours que tu m'aimes beaucoup, et bien montre-moi ce que toi tu aimes dans ces champs et ces prairies car je veux être comme toi. » Saadani sourit et fit :

« Bien tu prendras le cheval blanc de ta maman. » Méha était très contente et sauta sur son cou en l'embrassant et en lui disant:

« Baba je t'aime beaucoup. » Et depuis, Méha faisait beaucoup d'excursions avec son papa et c'était ainsi qu'elle avait connu beaucoup plus tard son futur mari de Soliman. Celui-ci était très riche et il possédait des kilomètres d'oliveraies dans la région de Soliman et de Hammam Lif.

Le prince venait de temps en temps à Béja. Il prenait soin de se déguiser en Bédouin comme il l'avait appris avec Saadani. Rachelle lui faisait des petits plats qu'il aimait beaucoup et à chaque fois qu'il voulait un plat quelconque il lui disait :

« Ommi Rachelle, (Maman Rachelle,) fais-moi ceci ou fais-moi cela. » Rachelle le traitait comme son fils. Saadani n'aimait pas les visites inattendues du prince, surtout parce qu'il n'était pas toujours à la maison et il ne voulait en aucun cas être attaché aux visites. Il craignait que si quelque chose lui arriverait c'est à Saadani que l'on se plaindra. Mais Saadani n'osait pas dire la raison au prince. Après plus d'un mois, lorsqu'il se trouvait dans la caserne de Medjez el-Bab, il dit au prince qu'il était content de l'avoir à la maison. Mais comme le prince ne voulait pas perdre Saadani et il avait remarqué que Saadani n'était pas le même à la maison, il finit par s'abstenir de ces visites et laissa l'initiative à Saadani.

Le caïd qui ne comprenait pas le refus de Saadani d'accepter la somme mensuelle qui lui revenait de la part du bey, fit silence et encaissa tous les mois la somme et la mit dans une caisse séparée dans l'espoir qu'un jour Saadani changera son opinion. Du reste tout le monde savait que Saadani était un homme libre et que pour rien au monde il ne changera cette liberté contre de l'argent. Les nouvelles de l'héroïsme d'un Béjaois atteignirent les oreilles d'un commerçant juif qui fréquentait le palais beylical et habitait à Hammam Lif. Celui-ci rencontra Breitou le père de Saadani qui était bien connu dans sa ville et lui dit :

« Breitou il y a un nommé Saadani Sa'adoun de Béja qui avait fait un geste d'héroïsme incroyable et qui a été honoré par le bey et son fils. Est-ce qu'il est de votre famille? » Breitou qui ne parlait pas à son fils Saadani répondit :

« Non je ne connais pas ce monsieur. » Mais Breitou avait vite compris qu'il s'agissait là bien de son fils mais il ne voulait pas donner suite à ce commerçant et alla directement à la maison raconter cette nouvelle à son grand fils et à sa femme.

En effet Breitou avait un problème avec les autorités beylicales pour un terrain qu'il possédait en plein ville d'Hammam Lif. A la demande du prince et sans que quelqu'un fasse la liaison entre les faits, le bey venait de confisquer ce terrain pour construire une maison pour un des officiers du prince. Breitou après avoir eu des informations au sujet de Saadani comprit enfin que son fils de Béja avait un bon rapport avec le bey et sa famille.

Au début il hésitait de contacter Saadani pour intervenir auprès des autorités pour essayer de libérer ce terrain, mais il finit par être convaincu qu'après que tant d'années étaient passées depuis le mariage de Saadani avec Rachelle, il devrait quand-même réfléchir à ce sujet. Il était question s'il devait absolument voir son fils Saadani pour ce problème ou laisser les choses prendre leur cours. Il s'était abstenu de communiquer cette pensée à son fils aîné de crainte de le fâcher. Ni Breitou ni son fils aîné n'avaient vu Saadani depuis ce temps. Mais les années avaient quand-même agi sur sa conscience et sur la conscience de son fils aîné qui entre-temps avait épousé une belle jeune fille du quartier.

De sa part Saadani ne regrettait rien, il était heureux sans la bienfaisance de son père. Il louait la maison d'un aimable Arabe dans le quartier d'E'in Esemch. Pour subvenir à ses besoins, il faisait toutes les semaines les marchés dans les foires et gagnait honorablement sa vie. De nature il n'aimait pas être avec d'autres personnes si ce n'était que par nécessité ou par politesse. Cet esprit libre de Saadani était bien connu par son père. Par un beau jour Breitou décida d'aller voir son fils et d'essayer de se réconcilier avec lui.

Après tant d'années il avait aussi l'envie de faire enfin la connaissance de sa belle-fille et ses petites-filles qu'il n'avait jamais vues. Ce jour-là, Saadani était à la foire de Nefza avec ses collègues de Béja. C'était une occasion inattendue et Breitou n'avait pas planifié ces dates. Les circonstances avaient voulu que ça se passe ainsi. En arrivant à Béja il trouva sa belle-fille Rachelle qui ne savait rien de toute cette histoire. Elle l'avait bien reçu avec tous les honneurs et respects. Le lendemain Saadani qui revenait de la foire était stupéfait de voir son père chez lui et après tant d'années. Il embrassa chaleureusement son père et dit à Rachelle :

« Tu t'es bien occupé de mon père ? Les filles s'étaient-elles réjouies d'enfin connaître leur grand-père ? » Puis, après que Rachelle avait servi le thé pour les deux, Saadani s'adressa avec ces paroles à son père :

« Papa, qu'est-ce qui me donne cet honneur de te revoir ? J'espère que mon frère va bien ! » Breitou qui semblait être peiné et avec un ton lourd, lui dit :

« Mon fils, j'ai eu tort de me séparer de toi. J'ai beaucoup souffert de ton absence et peut-être bien que les choses s'arrangent. J'ai entendu sur ton héroïsme et j'ai même entendu que le bey t'avait invité chez lui au palais du Bardo, » puis il ajouta « quel grand honneur ! » Saadani qui n'aimait pas les flatteries, fit :

« Papa, laissons ces histoires d'honneur dehors, tu es avant tout mon papa et je ne vous ai jamais quittés ne seraient-ce que pour une minute toi et toute la famille ; vous étiez tout le temps dans ma pensée ; nous sommes toujours une famille et je n'en veux rien à personne. Maintenant que tu es là, dis-moi tout, je veux savoir d'abord, comment va mon frère, s'est-il marié ? Et en finale dis-moi qu'est-ce qui te pèse au cœur pour avoir fait un si long trajet. » Breitou encore plus peiné d'avoir trouvé que rien n'avait changé à l'amour de son fils et avec un soupir lui dit :

« Je suis venu pour que tu me solutionnes un problème, mais

honnêtement, maintenant que je t'ai retrouvé, l'argent ne compte plus devant le plaisir de te revoir et encore plus de faire la connaissance de ta charmante épouse et encore de voir mes mignonnes petites-filles que je ne savais pas qu'elles existaient. Quand je pense que je suis devenu grand-père sans même le savoir, mon Dieu quelle surprise ! Quelle merveille ! Et quelle beauté ! » Saadani qui est bon de nature lui dit :

« Papa dis-moi quel problème veux-tu que je résolve ? Dis-le et ça sera fait ! » Breitou tout heureux que Saadani n'avait pas gardé une animosité quelconque lui répondit :

« Mon fils, c'est un petit problème entre moi et les autorités du bey. » Saadani en entendant le bey, fit :

« Papa ne t'inquiète de rien, reste quelques jours auprès de nous et après j'irai avec toi chez le prince qui est un grand ami et qui me fera ce plaisir, je suis certain. » Breitou accepta joyeusement l'invitation de son fils. Il resta encore deux jours chez Saadani, c'était le mardi et le mercredi, les filles étaient contentes d'avoir un grand-père qu'elles n'avaient jamais connu.

Le jeudi, Saadani et son père s'en allèrent à cheval ; le père prit le cheval Blanc de Rachelle pour ce voyage - comme il n'était ni grand ni gros, le cheval de Rachelle servait bien la cause les deux qui se dirigèrent vers Medjez el-Bab pour rencontrer le prince. Saadani dit à son père qu'il devait expliquer son problème au prince et le laisser résoudre le problème à sa façon. Breitou était ravi que son fils ait de telles relations, et que les rumeurs se soient avérées justes. Breitou trouvait ce voyage comme une excellente occasion de se réconcilier et améliorer ses relations avec son fils ; après tout c'était bien lui qui avait coupé et déshérité son fils. Il se devait maintenant d'arranger les choses et de donner à son fils Saadani son héritage, surtout qu'il aura bientôt des filles à marier et que plus tard il aura besoin de donner des dots. Saadani de sa part ne c'était jamais inquiété pour ses filles, au contraire il disait toujours :

« Les filles apportent la chance avec elles. » Puis il continuait : « Je ne donnerai pas mes filles à n'importe qui, après tout, on ne trouve pas des filles aux yeux bleus dans les coins des rues, ce sont plutôt les hommes qui doivent apporter leurs dots avec eux. » Une foule de pensées passaient par la tête de Breitou alors qu'il était à cheval. Saadani ne disait rien sauf de temps à autre il montrait un ruisseau qu'ils devaient traverser. Breitou admirait son fils pour la vie qu'il menait et il se disait qu'après tout il était plus heureux qu'eux tous, il vivait à sa guise, puis il a marié une excellente femme et elle lui avait donné des belles filles qui semblaient être heureuses comme le reste de la famille.

Arrivés à la caserne, le prince les avait reçus très chaleureusement. Lorsque Saadani introduisit son père, le prince ne faisait que faire des éloges à Breitou pour son fils. Breitou se sentait flatté d'entendre ce que le prince disait de son fils.

Il été fier et peiné d'avoir un fils comme Saadani. Fier d'entendre ces éloges et peinée d'avoir était privé de son fils, de sa femme et ces belles fillettes. Il était agréablement surpris de constater l'amour que le prince accordait à Saadani. Il s'était souvenu du jour où Saadani revenait du long voyage en ayant le contrat de mariage dans sa main. Rachelle devait être la femme de son frère si celui-ci avait eu le courage d'aller si loin pour lui demander lui-même sa main. Il s'était aussi rappelé que l'idée de demander la main de Rachelle pour son frère venait de lui, il avait reconnu qu'il avait eu tort de n'avoir pas considéré ni même pensé à demander ne serait-ce qu'un conseil à Saadani, c'est la raison pour laquelle Breitou était aussi triste.

Le remord l'accablait maintenant, car il avait vu Saadani et sa petite famille ; il trouvait que dans le fond Saadani avait bien mérité Rachelle. Tous ces souvenirs amplifiaient l'amour envers Saadani et sa famille. Après ces réflexions, Breitou s'était promis de tout faire pour aider Saadani. Mais il ne connaissait pas le caractère libre et indépendant de son fils.

Depuis qu'il avait épousé Rachelle il n'avait pas visité son père à Hammam Lif. Il trouvait que la visite de son père venait au bon moment. Après tout, si le prince ou le bey l'inviterait à son palais d'Hammam Lif, Saadani pourrait présenter son père au bey. Son père aurait besoin de cet entourage plus que lui. Breitou aimait ce genre de réception et cette vie mondaine, elle lui servait pour ses affaires commerciales.

Le prince et son entourage était bien le genre de son père et de son frère, les deux aimaient la richesse et la vie mondaine et surtout les cérémonies pompeuses comme celle qu'il avait eu au Bardo. Depuis le nom de Sa'adoun s'était propagé et il était devenu très reconnu aussi bien à Hammam Lif qu'à Béja et Tunis.

Saadani était non seulement un héros mais aussi un officier du bey. La maman de Saadani était morte pendant l'épidémie lorsqu'il était encore jeune, Saadani avait très peu de mémoire d'elle. Puis il s'était souvenu qu'il avait refusé au caïd l'argent du salaire que le bey avait octroyé. Breitou ne dira certainement pas non pour un montant confortable comme celui-ci et encore plus c'était une assurance mensuelle de la caisse du bey. Puis comme un revers il se disait, puisque son frère avait même marié une bonne fille d'Hammam Lif, donc Rachelle ne lui était jamais destinée. Dans ces conditions Saadani n'avait rien à se reprocher. Dans le fond il ne s'était pas trompé. Elle était bien sa destinée et s'il aurait fait comme son frère l'aurait voulu, il aurait été à l'encontre de sa destinée. Ces pensées le rassuraient de sorte qu'il pouvait reprendre les bonnes relations avec son père et son frère sans scrupule et sans remords. Il faudrait laisser les choses se faire seules, la preuve en est qu'il ne s'attendait pas à ce que son père apparaisse sans que quelqu'un n'intervienne.

Pendant que Breitou exposait son problème au prince, Saadani n'écoutait même pas la conversation des deux hommes. Il semblait être dans les songes, par contre, le prince avait bien écouté Breitou et lui avait promis de résoudre ce problème la semaine d'après lorsqu'il visitera son père au palais d'Hammam Lif. Au retour, Breitou voulait rentrer à Hammam

Lif en carrosse car de la place où il se trouvait, le chemin jusqu'à sa maison était plus court. Breitou n'était plus jeune, ses cheveux étaient bien blancs par l'âge et avec les soucis de n'avoir plus vu son fils.

Saadani n'avait aucune objection à laisser son père repartir seul en carrosse, le seul inconvénient qu'il voyait était de devoir traîner encore une fois le cheval blanc de Rachelle derrière lui. Après cette belle visite il n'avait pas le cœur de laisser son papa aller seul, quoique dans les carrosses qui faisaient la route, il n'y avait rien à craindre. Saadani l'avait accompagné pendant un bon bout de chemin avant de reprendre la route vers Béja.

Le soir en rentrant chez lui, ses filles lui avaient sauté au cou, il était content d'être enfin chez lui. Saadani ôta sa chemise, ses chaussures, et ne garda que son pantalon bouffant qui lui arrivait juste en dessous des genoux. Comme d'habitude, ses filles lui avaient préparé une grande bassine d'eau chaude et lui firent la toilette au regard souriant de Rachelle.

La semaine d'après, le prince avait comme convenu parlé au bey et à son entourage. Il avait trouvé que le terrain qui avait été confisqué à sa demande, était pour construire une maison à Saadani. Le prince apporta ce problème à son père qui se trouvait embarrassé à cause de ses fonctionnaires qui n'avaient pas fait la relation entre Saadani Sa'adoun et le père Breitou Sa'adoun. En finale le bey avait invité Breitou chez lui pour lui expliquer de quoi il s'agissait. Breitou aussi avait en attendant dévoilé que ce terrain était réservé pour la construction d'une maison pour un certain monsieur de Béja. Le bey et Breitou avaient éclaté de rire en sachant que ce même terrain était planifié par le bey et par Breitou pour la même personne. Un accord fut fait à l'instant même dans lequel Saadani aura sa maison de vacances comme cadeau de son père ; ainsi Breitou pourrait montrer à Saadani l'amour de son père, mais le coût de la construction et toutes les dépenses pour cette maison seraient à la charge du bey. Ce dernier avait insisté à même payer la valeur du terrain à Breitou. De cette façon chacun se sentait à l'aise d'avoir fait de son mieux pour le bien-être de Saadani.

De son côté Abou LaRouah, avait repris son boulot habituel. La petite somme que Saadani lui avait obtenu du prince lui avait permis de renouveler son équipement et remplacer certains de ses vieux chevaux. Ses hommes étaient très contents de leur patron et de Saadani. Le prestige d'Abou LaRouah avait augmenté aux yeux de son « personnel », comme il le disait souvent en parlant de ses brigands.

Un beau jour Saadani se trouvait avec son ami le prince dans un des palais du bey, lorsque celui-ci entra dans la chambre où le prince et Saadani bavardaient. Pour être poli, le bey demanda à son fils et à son ami, s'il pouvait se joindre à eux, car il avait quelque chose à leur demander. Le prince était très heureux de pouvoir rendre service à son père, mais Saadani voyait dans la venue du bey une façon d'être entraîné dans les affaires d'état qu'il redoutait le plus depuis le début de cette relation. Le bey s'assit auprès des deux amis et leur dit :

« Puisque Monsieur Saadani connaît les bandits de certaines régions… » Puis le bey fit un arrêt et regarda un moment le prince et Saadani directement dans les yeux, puis il entama :

« Vous savez que tous les produits de ravitaillement doivent passer par nos routes et hélas certains villages se trouvent privés de marchandise. »

Juste lorsque le bey disait ces mots, Saadani avait une sorte de pitié pour les villageois et il prit spontanément la parole en disant :

« Mais il faudrait réparer les routes ! » A quoi le bey fit :

« Aha, Monsieur Saadani ! Je vois que vous avez les mêmes sentiments que moi concernant les villageois. » Saadani se vit encore une fois flatté pour avoir les sentiments comme le bey, il fit un sourire et reprit la parole :

« Votre Majesté le bey, le tout puissant et généreux, que l'amour du bien anime le bey magnanime, y a-t-il quelque chose par laquelle nous pouvons apporter notre aide à ces pauvres villageois ? » En entendant ces dires, le bey prit aussitôt la parole et dit :

« Justement Monsieur Saadoun, vous essayerez certainement de faire quelque chose pour votre ville que vous aimez, votre région et évidemment pour votre pays qui vous honore pour votre courage et votre héroïsme. » En entendant ces belles paroles et surtout venant du bey, Saadani voyait déjà avec les yeux de sa femme et pensant aussi à son père, il trouvait qu'entre Abou LaRouah et lui-même, à deux ils pouvaient entreprendre quelque chose d'honorable et lucratif. Cette idée était aussi dans son esprit de voir les bandits se transformer en policiers au profit de tout le monde. Il s'imaginait déjà voir les routes ouvertes à tous les marchands. Aussi il trouvait que cette idée plaira certainement à Abou LaRouah et ses bandits de devenir des fonctionnaires de l'état au lieu d'être tout le temps à la recherche d'une nouvelle proie et traverser les routes sous la pluie et le vent et encore au risque d'être pris par la garde du bey et finir un jour dans leur vieillesse par être jetés en prison comme des malheureux, loin de leurs familles et de leurs enfants.

Rien qu'en pensant à ces idées,

Saadani se réjouissait déjà ; il se voyait capable de convaincre Abou LaRouah. Aussi, il préférait que son père prenne toute cette affaire en main. Il se disait que Breitou était un homme de prestige et d'affaires. Il trouvait que les accords devaient se faire entre le bey et son père, mais il fallait donner au bey une réponse quelconque. Saadani se pencha aux oreilles du prince pour lui dire que cette idée était merveilleuse et qu'il serait bien d'y réfléchir calmement pour venir avec un plan d'attaque qui conviendra au bey et qui donnera un avantage commercial aux marchands et à la population du pays. En entendant ces paroles le prince fit un sourire discret et se dit, « Heureusement que j'avais choisi Saadani comme ami. Mon père sera heureux d'entendre ses propos. » Il regarda son père avec une confiance et lui dit :

« L'honorable Monsieur Saadani trouve cette mission très respectable et voudrait tout faire pour que ce projet réussisse, mais pour cela il faudrait que nous ayons un peu plus de temps pour bien étudier tous les détails et pour ne pas faire d'erreur. » Le bey écoutait calmement les propos de son fils et se réjouissait d'avoir trouvé chez Saadani une oreille ouverte et accueillante. Il répondit :

« Honorable Monsieur Saadani, merci de m'avoir écouté et d'avoir trouvé cette mission positive pour notre pays. Vous avez certainement compris l'intérêt et l'ampleur de sa portée et vous avez sans doute découvert non seulement les ramifications pour l'ensemble du pays mais aussi pour ses habitants. » Saadani écoutait la réponse du bey, et cela lui faisait de la peine que Rachelle n'était pas présente pour entendre les éloges à l'égard de Saadani et du prince. Non seulement que cette entreprise relèverait le prestige du prince, mais aussi elle placerait Saadani dans un nouveau rang dans l'entourage du bey. À la pensée de pouvoir présenter ce projet à Abou LaRouah, Saadani se réjouissait à l'idée de voir son sourire et de voir les yeux de ses brigands. Après que le bey sortit, le prince joignit son père dans son carrosse qui rentrait au palais du Bardo.

Après cette visite, Saadani alla tout de suite voir son père et lui raconta le projet que le bey venait de proposer au prince et à lui-même. Avant de quitter Saadani le bey avait conseillé au prince et à Saadani de trouver un moment tranquille et de rester seuls afin que les deux puissent présenter au bey une solution viable dans les dix jours.

Breitou était très impressionné de ce gigantesque projet et se voyait enfin dans le cercle des personnes du palais. Il se voyait bien pouvoir coordonner cette affaire qui lui semblait très lucrative et prestigieuse.

Pour mettre son père à l'aise, Saadani se voyait devoir lui expliquer l'ensemble de ses relations avec Abou LaRouah et les circonstances qui lui ont fait connaître le prince. Breitou posa plusieurs questions à son fils pour mieux comprendre l'ensemble des relations et afin de savoir comment il devait donner les meilleurs conseils à son fils et planifier son approche avec le bey, avec le prince et évidemment avec Abou LaRouah et certainement avec son fils.

Saadani n'aimait pas se voir attelé aux autorités et encore moins à un projet énorme. Mais il voyait qu'il le devait aussi à son père pour la peine qu'il lui avait causé, ainsi qu'à son frère. Cette fois-ci il aurait à expliquer à Rachelle les raisons qui l'avaient induit jusqu'à ce jour à prendre des décisions contraires à ses habitudes.

Saadani devait aussi trouver une

solution à la participation d'Abou LaRouah à ce projet, vis-à-vis du prince et de son père. Il se souvenait qu'il avait dit au prince qu'Abou LaRouah était le servant de son frère. A vrai dire il n'aimait pas les mensonges. Il l'avait fait uniquement pour sauver un être en danger et aussi en pensant qu'un jour il aurait à avoir recours à ses services. Saadani trouvait qu'il y avait trop d'éléments qui pouvaient lui compliquer les relations qu'il venait de nouer avec le prince, le caïd, le bey et tout ce monde qu'il avait connu au palais du Bardo. Saadani conclut qu'il fallait laisser uniquement Breitou s'occuper de toute cette entreprise vis-à-vis du bey et que le prince et lui s'occuperont de la partie des relations sur le terrain.

Breitou était très content d'apprendre la nouvelle de son fils. Durant ces années d'absence de Saadani, Breitou ne s'était pas rendu compte qu'il avait un fils intelligent et très aimable. Il avait tout le temps donné priorité à son fils aîné. Il regrettait d'avoir un peu négligé Saadani. Aujourd'hui il trouvait qu'il avait été trop dur avec Saadani lorsqu'il l'avait déshérité.

A peine une semaine était passée et le prince, Saadani et Breitou avaient finalement formulé un plan de travail qui devait satisfaire le bey. Pour la première année de travail, ils devaient sécuriser une première étape à une distance de 50 km de Tunis vers les villes intérieures couvrant le nord de la Tunisie. Le groupe s'engageait à présenter vers la moitié de l'année de travail un deuxième plan pour sécuriser la prochaine étape qui elle devait atteindre Béja, Bizerte, Tabarka, Jendouba, Gardimaou et Aïn Draham.

Lorsque Saadani avait élaboré le plan à Abou LaRouah, ce dernier trouvait que l'idée était géniale de transformer les bandits en policiers des routes et des frontières. Il disait que rien que l'idée elle-même allait réduire les vols et les crimes inutiles des routes. Les marchands pourront circuler librement avec leur marchandise sans être interpellés. L'économie du pays va prospérer. Depuis que ce programme était institué, les marchands circulaient librement et les crimes avaient en effet diminué à la satisfaction du bey et de son fils le prince.

Une année plus tard la maison construite pour Saadani était terminée. Il était temps pour une réception à l'honneur de Rachelle, la femme de Saadani et de leurs quatre filles. Le prince voulait venir à la réception mais Saadani l'avait prié de s'abstenir. Le prince connaissant le caractère de Saadani s'était abstenu d'assister à la réception.

Pour honorer Saadani, il avait

envoyé une délégation béylicale avec des cadeaux pour toute la famille. Le surlendemain après la réception, Saadani, Rachelle et leurs filles avaient meublé la maison à leur guise. L'été suivant Saadani jouissait pour la première fois des vacances dans la nouvelle maison et pouvait se rafraîchir au bord de la mer. C'était le premier été où la famille de Saadani et de Breitou passèrent leurs vacances ensemble à Hammam-Lif. Saadani n'avait jamais su tous les détails de la négociation entre son père et le bey. Pour éviter que Saadani ne le sache, le père avait inscrit les documents de la maison au nom d'un ami musulman. Ceux-ci étaient gardés entièrement confidentiels pour éviter de contrarier Saadani qui ne pouvait pas entendre parler de sommes énormes engagées en sa faveur.

Breitou avant sa mort avait raconté l'histoire de cette maison à Rachelle qui l'avait gardée pour elle et pour toute la famille sans toutefois dévoiler le secret à Saadani, car elle savait que le bien matériel aurait perturbé la paix de son mari. Depuis, cette maison avait servi à toute la famille jusqu'en mille neuf cent cinquante-huit quand la dernière des filles avait vécu avec son mari dans cette maison jusqu'à leur départ de la Tunisie.

Abou LaRouah, ayant perdu sa place comme leader des bandits, finit par acheter aussi une maison à Hammam Lif. Il entretenait de bonnes relations avec son ami Saadani et avec le prince. Il changea son nom en Abdel Lekrim Boukheer (le fils du généreux et de la richesse). Il se maria avec une fille de bonne famille. Après le départ des Allemands, on n'avait plus entendu de ses nouvelles. Les rumeurs disaient qu'il fût arrêté par les Allemands pour vol d'une montre en or.

Après que les enfants de Saadani

s'étaient mariés il déménagea de Béja à Hammalif et habita dans cette maison de plage. Malgré tous les efforts du bey et de Breitou, Saadani n'etait pas tellement content. Les excursions à travers les pleines de Béja et surtout son cheval lui manquaient. Apres quelques mois il finit par s'acclimater à ce nouveau mode de vie et par connaître des personnes.

Le prince finit par ne plus servir le bey dans les camps volants et il a été muté dans un nouveau poste à Hammam Lif. Il se maria avec une belle fille de Turquie, mais il n'avait jamais abandonné Saadani, ni les visites qu'il lui rendait chez lui à la maison. Sa femme s'appelait Mounira et comme ses parents étaient en Turquie elle s'attacha à la famille de Saadani. Lorsque le prince visitait Saadani, Mounira l'accompagnait. Elle trouvait en Rachelle une chaleur maternelle. Le prince n'avait jamais failli à sa parole ni à sa volonté d'avoir Saadani comme son meilleur ami. Les gens qui connaissaient le prince n'avaient jamais compris cette amitié qui dura jusqu'en 1942.

Saadani avait vécu dans ces lieux jusqu'à sa mort juste avant l'arrivée des Allemands en Tunisie, en mille neuf cent quarante-deux. A la mort de Saadani, son petit-fils Felix qui avait un carrosse l'accompagna lui-même jusqu'au cimetière du Bourgel.

Le contenu du récit sur la famille a été raconté en partie par Saadani lui-même, d'autre part par Rachelle, sa femme et leurs filles et en grande partie par ma mère, mon oncle Felix et par différents membres de la famille et des amis.

L'histoire de « Saadani et le prince » a été écrite par l'auteur, sans rapport avec toute similarité avec des personnes historique et sans rapport avec qui que ce soit, mais par inspiration du personnage de Saadani. Ainsi se termine l'histoire de Saadani et le prince.

LE PÈLERINAGE DE REBBI FRAJI DE TESTOUR

Introduction

Je me souviens des beaux pèlerinages de Testour, auxquels j'avais participé avec mes parents et mes cousins et cousines. Tous les ans on allait au pèlerinage de Rebbi Fraji Chaouat de Béja. L'aperçu historique se base sur la chanson de geste, chantée par les femmes et les hommes des communautés qui participaient aux pèlerinages ; sur les contes de mon père, les récits qu'il me transmit de son père et de son grand-père, que je n'avais hélas pas connus, et sur les dires de ma mère, de ma grand-mère paternelle et de ma grand-mère maternelle, ainsi que sur les confirmations de mon arrière-grand-père, de mon arrière-grand-mère et de son frère, qui étaient encore vivants quand j'étais jeune. À cela s'ajoutent mes propres expériences des pèlerinages auxquels j'ai participé depuis mon jeune âge et les maassiot (histoires) que nos rabbins nous racontaient lorsque nous étions sages au cotab, sans oublier les témoignages de la communauté de ma ville Béja, où j'ai grandi.

Personne ne connaissait le nom du secrétaire du rabbin, mais vu que je considère son témoignage comme une des bases de ce récit, j'ai trouvé nécessaire de donner un nom à un homme aussi important. J'ai choisi le nom de Haï pour le secrétaire de Rebbi Fraji, car selon la tradition, une personne qui est passée dans l'au-delà est toujours vivante et on use de ce nom pour se référer à elle. On dit que celui qui sert un tzadik (un juste) devient lui-même un juste. Dans la chanson de geste on parle de la fonction de la personne qui assistait le rabbin comme d'un « gozbar » ce qui veut dire secrétaire.

Je sais qu'il y a d'autres versions, toutefois pas béjaoises, qui sont légèrement différentes de la mienne et qui parlent d'un serviteur et non d'un secrétaire ainsi que d'une mule et non d'une jument. De ma part je n'ai jamais entendu parler d'une mule à Béja et la chanson de geste confirme la version avec la jument. Du reste, cela m'aurait étonné que Rebbi Fraji ait demandé que son corps soit mis sur un animal croisé, pas naturel. Je sais que mon grand-père qui était religieux et croyant ne montait jamais sur une mule. La plupart des vieux de son âge avaient des juments et pas des chevaux.

La légende

On raconte qu'au début du dix-septième siècle Rebbi Fraji Chaouat vivait à Béja. Il était très pieux et charitable et savait guérir les malades. La communauté juive de Béja, qui le vénérait pour ses connaissances de la Torah et sa gentillesse exceptionnelle avait mis à sa disposition un secrétaire juif qui s'occupait de ses besoins quotidiens. Ce secrétaire avait une chambre dans la même maison, il n'avait qu'à traverser la cour intérieure pour aller chez le rabbin. Le nom du secrétaire était Haï. C'était un vieux célibataire qui avait presque soixante ans lors de la mort de Rebbi Fraji et qui avait servi le charitable et généreux rabbin avec grand dévouement.

Rebbi Fraji était économe et comptait chaque sou, mais quand Haï lui faisait ses achats, le rabbin tenait à rembourser la somme dépensée en y ajoutant toujours une somme pour honorer le secrétaire. À chaque fois Haï refusait de prendre de l'argent, tant il vénérait le rabbin. Un jour Rebbi Fraji lui dit :

« Mon cher ami, puisque D' t'a envoyé à moi Il attend de moi que je sois bon avec toi, car si j'avais été seul, que serait-t-il advenu de moi ? Je t'en prie, si tu veux m'aider, ne refuse pas l'argent que je te dois pour tes efforts. » Le secrétaire prit l'argent que lui offrait le rabbin et avant de s'éloigner il lui baisa la main. À son tour Rebbi Fraji le bénit avec ces paroles hébraïques en passant la main sur sa tête :

« Yevarekha Adonaï Ve-yichmere–kha. » (Que D' te bénisse et te garde.) D'après les dires du secrétaire à chaque fois que le rabbin le bénissait, il sentait un courant agréable qui traversait tout son être et le laissait dans un état serein et paisible pour la durée de la journée.

Un jour, avant de se retirer Haï demanda au rabbin s'il avait encore besoin de quelque chose. Rebbi Fraji lui dit :

« Haï, que le Seigneur te donne une longue vie, je crois que là-haut on m'appelle et je vais tout faire de sorte que le matin je serai lavé et habillé de ma robe de nuit blanche. Quand tu rentreras le matin dans ma chambre je serai déjà parti, mais ne t'inquiète de rien, tu n'auras rien à faire, simplement tu diras aux membres de la communauté juive de Béja de mettre mon corps sur ma jument. Elle connaît le chemin vers ma loge finale sur cette terre et là où elle s'arrêtera c'est là où il faudra creuser. Ma tombe doit être simple et sans ornement. » Haï écouta son maître, tout ému baisa sa main et se retira lentement vers sa chambre ne sachant quoi penser de ce qu'il venait d'entendre de la bouche du rabbin.

A peine rentré dans sa chambre il se jeta dans son lit et sans même avoir enlevé ses habits le fidèle secrétaire mit sa tête sur son oreiller et le sommeil l'emporta. Tôt le matin il se réveilla en sursaut lorsqu'il vit les premiers rayons de soleil pénétrer par la fenêtre qui donnait vers la cour. Haï s'en voulait de ne pas s'être réveillé plus tôt pour voir le rabbin. Il fit une rapide toilette et se dirigea vers la chambre du rabbin.

D'habitude lorsqu'il s'approchait de la chambre, le rabbin disait toujours :
« C'est toi Haï ? » Cette fois-ci il y avait un silence et à nouveau il sentit les mêmes sensations que lorsque le rabbin le bénissait. Il entra dans la chambre. Il trouva le rabbin allongé sur son lit comme s'il dormait. Haï ne croyait pas que le rabbin était mort, il s'approcha du lit pour voir de plus près et à sa grande surprise le corps du rabbin avait les yeux fermés et semblait plongé dans un sommeil éternel. Haï mit sa main droite sur les yeux du rabbin et fit « Chema Israël », puis il

ferma gentiment la porte pour ne pas faire de bruit et s'empressa vers la synagogue d'E'in Esemch pour alerter les Juifs qui faisaient encore la prière de « chahrit ». La nouvelle du départ du rabbin secoua les présents, puis tous interrompirent brièvement la prière matinale pour écouter les dires de Haï sur la dernière volonté du rabbin.

Après que la prière matinale fut terminée, la communauté entière, du petit au grand, se précipita vers la maison du rabbin. Ils prirent le corps du rabbin et le mirent sur sa jument, comme le rabbin l'avait voulu. Ensuite, tous les présents formèrent un cortège. Aussitôt la jument prit la direction du sud-est et se mit en route. Elle avança vers ce qui est aujourd'hui l'avenue Sidi Frej. Au fur et à mesure qu'elle avançait, les membres de la communauté juive la rattrapaient et le cortège s'agrandissait.

Dans ce temps-là la Tunisie était gouvernée par le bey qui était nommé par l'empire ottoman. Sa fonction était comme celle d'un gouverneur mais il devait rendre les comptes au sultan turc pour les activités quotidiennes et encaisser les impôts des habitants et des commerçants. En général le bey chargeait son fils ou désignait un officier pour encaisser les impôts. Il mettait à leur disposition des jeunes soldats (des janissaires) que l'empire lui envoyait. Le fils du bey ou l'officier allait d'une région à l'autre pour encaisser les impôts et pour cela il campait dans certaines régions. Dans le cas de cette histoire le campement des soldats du bey était dans la région du nord. On appelait ces camps des camps volants. Quand les impôts étaient encaissés le fils du bey et ses soldats rentraient avec l'argent à la résidence du bey à Tunis.

Après des heures et des heures de

marche, la jument atteignit un camp volant du bey. Le gardien qui était à l'entrée du camp leva la main pour arrêter le cortège et d'après les dires de papa, sa main resta en l'air et il ne put plus la rabaisser. La jument avança tranquillement. La même chose qu'au gardien arriva à l'officier qui voulait intervenir. Les soldats qui voyaient cette scène étaient furieux et ne comprenant pas ce qui s'était passé accoururent pour arrêter et même frapper toutes les personnes du cortège. Ces soldats à leur tour s'immobilisèrent devant la jument qui continuait gentiment son chemin dans la direction de Testour, sans souci.

« Oh, mon Dieu ! » disaient les soldats du bey, voyant que tous les bras qui voulaient frapper le saint et ses compagnons étaient paralysés. Chacun croyait vite intervenir, mais bientôt ils furent plus de cent soldats avec le bras en l'air sans pouvoir le bouger. Le prince, alarmé par le bruit des soldats, sortit de sa tente et voyant ses soldats affolés, il comprit qu'il s'agissait de quelque chose de très particulier et non pas d'une révolte ou d'une attaque. Il salua le cortège et demanda aux gens qui accompagnaient la jument :

« Qui est ce mort ? » Haï, le secrétaire de Rebbi Fraji avança et se présenta au prince en disant :

« Votre Altesse beylicale, je suis le secrétaire de cet honorable rabbin et c'est sa dernière volonté d'être enterré là où sa jument s'arrêtera. Nous suivons justement la jument afin que sa volonté soit respectée. » Le prince comprit et s'exclama :

« Alors dites-moi que c'est un saint ! » Toute la communauté qui n'osait pas dire un mot sur Rebbi Fraji fit comme d'une seule voix :

« Oui, notre prince, c'est même un grand saint ! » Le prince se précipita devant la jument et fit :

« Samahna Ya Sidi Ma Refnachi Karek. » (Sire, pardonnez-nous, nous ne connaissions pas votre honneur et grandeur.) Puis il s'adressa à ses officiers et soldats et leur dit :

« Mais vous êtes des imbéciles, vous ne voyez pas qu'il s'agit là d'un saint ! Allez, exécutez sa dernière volonté. » Ensuite il s'adressa au rabbin avec ces paroles :

« Ya Sidi, Enouaslouek Bel Tabal ou Bel Zokra Hata Lel Emken. » (Sire, nous vous accompagnerons avec le tambour et le biniou jusqu'à votre endroit.) Et ainsi tous les soldats se trouvèrent les mains libérées et se joignirent au cortège avec la musique et les tambours. La jument fidèle à son maître continua son chemin et arrivée à Testour, à la fin d'une rue du village, elle s'arrêta et s'assit comme une femme fatiguée. Les Juifs et les Arabes qui accompagnaient le rabbin se mirent à creuser la tombe selon le rite juif. Depuis ce temps, Rebbi Fraji est très respecté par les communautés juive et musulmane de Béja.

Le pèlerinage

Depuis la mort du rabbin, le pèlerinage annuel se tenait à Testour auprès de sa tombe. De notre temps, la route avait changé et passait par les montagnes du Monchar et par Medjez el-Bab.

C'était la tradition que chaque année les Juifs de toute la région du nord, de Tunis jusqu'en Algérie fissaient le pèlerinage de Rebbi Fraji Chaouat qui était enterré à Testour. La plupart des Juifs de Béja et des alentours y allaient à pied. Le fait que la jument de Rebbi Fraji ait choisi Testour n'était peut-être pas un simple hasard. Selon certains « Testour » en sumérien veut bien dire Terre Sainte.

Chaque année on se préparait à l'avance pour ce pèlerinage, qui se tenait à Soukot, la fête des tabernacles, qui symbolise la vie dans le désert durant l'exode des Israélites d'Egypte. L'après-midi du premier jour de Hol-ha-moëd (les jours ouvrables entre les premiers et les derniers jours de la fête) toutes les familles juives se groupaient sur l'esplanade de l'avenue de la République et chaque famille formait une caravane. Chacune apportait avec elle des victuailles et un mouton.

Il y avait des familles qui préféraient l'abattre à Béja, d'autres suivant le rite des sacrifices le prenaient vivant et l'abattaient à Testour. Les caravanes comptaient quelques centaines de personnes. Elles se formaient devant l'ancien Café Bijaoui d'avant-guerre. Les caravanes se composaient des membres de chaque famille, et à ceux-là se joignaient les voisins ou certains amis qui avaient une même affinité. Certaines amitiés se nouaient juste avant ou pendant les jours du pèlerinage.

Pour nous, les enfants, c'était une grande excursion et aventure. Chaque famille essayait de tenir les enfants à côté, mais les familles s'entremêlaient et les parents commençaient à perdre la patience. Plus d'une fois une famille chercha un de leurs enfants, ou un enfant égaré chercha ses parents. Ces délais retardaient le départ de la grande caravane béjaoise.

Les habitants musulmans de notre ville venaient nous souhaiter un bon pèlerinage et nous apportaient des fruits et des pains frais.

J'avais plusieurs fois participé aux pèlerinages. D'année en année les amitiés changeaient. C'était ainsi que les familles faisaient la connaissance des enfants, des parents et des grands-parents des autres. Les caravanes commençaient la marche d'abord vers le stade de football afin de s'organiser et de créer des distances entre les grandes familles. Les vieux de chaque famille étaient les chefs de file. Ceux-là marchaient devant, en tête de chaque famille. Les hommes et les enfants qui pouvaient marcher allaient à pied. Les vieilles femmes montaient sur des charrettes ou en calèche, que certains possédaient et certains louaient. Certains vieux montaient à cheval ou à dos d'âne. Certains louaient des ânes avec leurs propriétaires. Les jeunes hommes de chaque famille restaient à l'arrière pour protéger les femmes. Certaines familles étaient très grandes. La caravane du pèlerinage était si longue qu'on ne voyait pas sa fin. Presque tout le monde était d'une façon ou d'une autre cousins et cousines, du fait que les mariages entre Béjaois étaient fréquents. Un jour mon père me disait :

« Si tu veux savoir, tout Béja est une seule famille. »

La route de Béja à Testour passe par Medjez el-Bab. La distance est d'environ soixante-dix kilomètres. La première étape est de quarante-cinq kilomètres et la deuxième, de Medjez el-Bab à Testour est de vingt-cinq kilomètres. Les premiers kilomètres étaient les plus agréables. La route était plus ou moins droite, les jeunes se sentaient les plus forts, un esprit de compétition se créait parmi eux. Mais dès que l'on dépassait les vieux, nos pères nous rappelaient qu'il fallait ralentir pour permettre aux femmes et aux vielles personnes de maintenir le rythme avec nous. Le trajet de Béja jusqu'à Medjez el-Bab durait jusqu'au matin, on allait doucement, on chantait des chants judéo-arabes.

Medjez el-Bab représentait la première étape et notre caravane de Béja était toujours la première. On y arrivait tôt le matin. On attendait sous les eucalyptus. On profitait de cet arrêt pour manger. Certains tiraient de leurs sacs des sandwichs, du pain de maison, des œufs durs, des olives, d'autres des ma'akoud ou des plats cuisinés, et encore de *boulous*, des cakes, des *bichcoutous* et des fruits. Tout était froid mais bien mangeable, car après cette longue marche nous avions tous grande faim. Les enfants sautaient d'une famille à l'autre et se ramenaient avec des friandises que les autres familles leur offraient. Chaque famille donnait de ses bonnes choses aux autres.

Vers dix heures du matin les premières caravanes de Tunis et d'autres villes arrivaient à Medjez el-Bab. Les caravanes s'arrêtaient pour se reposer et se débarbouiller et retrouvaient les Béjaois qui les attendaient. Les eucalyptus faisaient un ombrage agréable aux familles qui se réorganisaient pour la dernière étape vers Testour.

La caravane de Tunis arrivait toujours avec des musiciens qui jouaient de la Zokra (flûte tunisienne ou biniou), de la Darbouka (un genre de tambour nord-africain) et d'autres qui jouaient el Oud ouel Ejrana (du luth et du violon). On continuait ensemble la route jusqu'à Testour.

Quand on arrivait, les habitants de Testour, qui du reste étaient paraît-il les descendants des Arabes et des Juifs venus ensemble d'Andalousie après la défaite arabe en Espagne, nous attendaient avec des youyous. Il faut retenir que les Juifs et les Musulmans ouvraient leurs portes aux pèlerins. Chaque famille juive était hébergée dans une maison. Les maisons de Testour étaient construites autour d'une cour qui donnait accès à chaque chambre. Les habitants libéraient une ou plusieurs chambres et chaque famille juive en prenait une. Une fois que les familles avaient pris possession temporaire des lieux, celles-ci étaient libres d'aller à la tombe du saint à tout moment.

Les femmes de Testour préparaient des Jradeqs, un genre de pita (les Tunisois l'appellent «Khobz Tabouna». (Bien connue dans le nord de la Tunisie). La plupart des musulmans refusaient le payement pour le logis et pour les Jradeqs. Ma maman avait toujours besoin de beaucoup de temps pour s'occuper de la famille avant d'aller visiter la tombe. En attendant, nous les jeunes, qui étions impatients, nous sortions dehors comme les premiers éclaireurs. Les rues de Testour étaient semblables aux rues du quartier arabe de Béja. Nous nous amusions à visiter d'autres rues sans toutefois perdre de vue la rue de notre domicile temporaire. À cette occasion on faisait la connaissance de jeunes enfants venus d'autres villes, certains nous invitaient chez eux, nous invitions des nouveaux amis chez nous. Ainsi nous maintenions nos parents toujours en action. On passait un jour ou deux à Testour, pleins de joie et de gaieté.

Pour les Juifs du nord de la Tunisie y compris les Juifs de Bone et de Constantine, le pèlerinage de Testour était aussi important que le pèlerinage de la Ghriba à Djerba l'est pour les Juifs du sud tunisien. On dit que l'avenue Sidi Frej de Béja était au nom de Rebbi Fraji. Alors, le chemin de Testour passait par le pont Trajan ; le cortège de Rebbi Fraji passait par le chemin qui était devenu Sidi Frej. Certaines familles faisaient le pèlerinage de la Ghriba à Djerba, du Maarabi près de Gabès et enfin, de Rebbi Fraji à Testour. Les Tunisois avaient aussi leur saint, Rebbi Hai Taieb Lo Met au vieux cimetière de Tunis. Son pèlerinage était très important pour les Juifs tunisois.

Je me souviens de notre première visite à la tombe du saint. Le mausolée de Rebbi Fraji était plein de pèlerins. La tombe se trouvait au centre d'une grande salle. Les femmes et les enfants chantaient et faisait des voeux. Puis du coup le corps des musiciens avec les binious et les tambours jouait des sons qui résonnaient et électrisaient tous ceux qui étaient présents, avec le rythme accéléré de la chanson de Rebbi Fraji. « Lah Y Lana, Lah Y Lana Essayed Icoun Ema'ana. » Certains rentraient dans l'extase de la danse, certaines femmes suivaient le rythme, jusqu'à en perdre la tête. Dans ce chahut je me souviens aussi du moment où comme un silence de l'âme s'accapara de moi et je sentis le rayonnement qui emplissait tout l'espace et mon être. C'est ainsi que je saisis la croyance en une force suprême. De même je compris que cette force jaillit dès que nous nous trouvions dans la joie. Dans ces moments, tous les problèmes qui nous accablent tous les jours disparaissaient.

Les visiteurs donnaient des offrandes sans réserve. Ils apportaient des plateaux de *briks*, de *makrouds*, de *yoyos*, de beignets au miel, de *manicotti*, de dragées, de *cakes*, de *boulous*, de *bichcoutous*, etc. Certains distribuaient même de l'argent. Une atmosphère de sérénité et d'une douceur particulière remplissait nos coeurs. La bonté et la générosité abondaient. Les Musulmans se réjouissaient avec nous. Nous nous sentions du coup des frères et des sœurs. Voici ce que les souvenirs des pèlerinages de Rebbi Fraji réveillent en moi et j'espère que cette joie se répande sur tous ceux qui lisent ces lignes.

J'ai entendu beaucoup d'histoires sur les miracles que le pèlerinage de Rebbi Fraji avait apportés. C'était devenu une tradition chez les Juifs et chez les Musulmans, que celui qui avait un vœu, allât prier sur sa tombe et son vœu était exaucé. J'avais été témoin d'une amie de ma mère qui habitait à Bone « Anaba » (Algérie) et qui n'avait pas pu avoir d'enfants depuis qu'elle s'était mariée. Elle était restée treize ans sans enfants. Ma mère l'avait invitée à participer avec nous au pèlerinage de « Rebbi Fraji » afin de prier pour un enfant. L'année d'après, elle avait visité avec nous la tombe du saint et neuf mois plus tard elle avait accouché d'un garçon. Depuis, chaque année elle venait au pèlerinage avec son fils.

La chanson de Rebbi Fraji

À travers les âges une chanson de geste a été créée. Elle nous a été transmise de génération en génération et reflète le côté historique du personnage de Rebbi Fraji et du chemin que sa jument avait choisi. En toute occasion heureuse on chante cette chanson de joie, qui raffermit la foi des Juifs tunisiens.

Voici la chanson de geste de Rebbi Fraji Chaouat, selon ma mémoire et la mémoire des membres de notre ville. Elle est encore incomplète. Je remercie ceux des lecteurs qui se rappellent d'autres versets, de bien vouloir me les transmettre, afin que je puisse les insérer et conserver la chanson complète pour les générations à venir.

Lah Y Lana, Lah Y Lana, Ourebi Fraji
Machi Ema'ana
Lah Y Lana, Lah Y Lana, et Rebbi
Fraji marche avec nous

Yagozbar Eija Kodami Esma Ou
Matekhlefchi Klami
Secrétaire, venez devant moi, écoutez
et ne changez pas mes paroles

Rani Lioum Mkemel Ayami, Ou
Machi A'nd Rabbi Moulana
Aujourd'hui-même mes jours vont
s'achever et j'irai chez notre Seigneur

Lah Y Lana, Lah Y Lana, Essayed
Icoun Ema'ana
Lah Y Lana, Lah Y Lana, le seigneur*
sera avec nous

Erebbi Sala Minha Oujdoudou
Za'akou Bel Farha
Le rabbin a prié Minha et ses ancêtres
ont crié de joie

Oulioum Na'amlou Simha Le Sayed Elima'na
Et aujourd'hui on fera une fête pour le seigneur* qui est avec nous

Lah Y Lana, Lah Y Lana, Ourebi Fraji Ichebet Ema'ana
Lah Y Lana, Lah Y Lana, et Rebbi Fraji passera le shabbat avec nous

Zaylet Erebi Mshat Ousebket Jmi El Qahal Alaha Kholtet
La jument du rabbin s'avançait et la communauté la rattrapait

Lah Y Lana, Lah Y Lana, Al Emra El A'yana
Lah Y Lana, Lah Y Lana, pour la femelle fatiguée

Lah Y Lana, Lah Y Lana, Ourebi Fraji Machi Ema'ana
Lah Y Lana, Lah Y Lana, et Rebbi Fraji marche avec nous

El Assas Qaed Io'ss Yebssed Yedou A'l Leqfal
Le soldat montait la garde et sa main s'est raidie sur la gâchette

Qal Oualah Manheb Eno'ss Hata Yessarhni Maoulana
Il a dit : « Pour l'amour de Dieu, je ne veux plus garder, jusqu'à ce que ce seigneur* me libère. »

Lah Y Lana, Lah Y Lana, Essayed Icoun Ema'ana
Lah Y Lana, Lah Y Lana, et le seigneur* sera avec nous

Samahna Ya Sidi Ma Refnachi Karek
« Sire, pardonnez-nous, nous ne connaissions pas votre valeur

Enouaslouek Bel Tabal ou Bel Zokra, Hata Lel Emken
Nous vous accompagnerons avec le tambour et le biniou jusqu'à votre endroit. »

Lah Y Lana, Lah Y Lana, Ou Rebbi
Fraji Ichebet Ema'ana
Lah Y Lana, Lah Y Lana, et Rebbi
Fraji fera le chabbat avec nous

Zaylet Erebi Mshat Oosebqet OuJat Fi
Qalb Testour Ouberket
La jument du Rabbin marchait et
devançait. Elle est arrivée au coeur
de Testour et s'est affalée

Lah Y Lana, Lah Y Lana, Metlet Emra
El A'yana
Lah Y Lana, Lah Y Lana, comme une
femme fatiguée

* Rebbi Fraji

TABLE DE MATIERES

Béja	7
Les belles journées à Hammam Lif	23
Saadani et Rachelle	37
La sagesse de Saadani et ses principes de vie	55
El *Aoula*	61
La foire de Nefza	67
Saadani et le prince	89

LE PÈLERINAGE DE REBBI FRAJI DE TESTOUR

Introduction	277
La légende	280
Le pèlerinage	289
La chanson de Rebbi Fraji	301

www.ingramcontent.com/pod-product-compliance
Lightning Source LLC
Chambersburg PA
CBHW070532010526
44118CB00012B/1116